Lehrerbücherei GRUNDSCHULE

Anke van Laak

Für mehr Methodenvielfalt in der Grundschule

Dieses Buch gibt es auch auf **www.scook.de**

Es kann dort nach Bestätigung der Allgemeinen Geschäftsbedingungen genutzt werden.

Buchcode: **c62kx-mbngg**

Herausgeber der Reihe
Dr. Klaus Metzger
Schulamtsdirektor, war zunächst Fachlicher Leiter des Staatlichen Schulamtes Aichach-Friedberg in Schwaben/Bayern. Seit 2014 ist er Landrat im schwäbischen Landkreis Aichach-Friedberg.

Die Autorin
Anke van Laak hat viele Jahre als Physiotherapeutin in der Kinderklinik einer großen Universitätsklinik gearbeitet und ist nun stellvertretende Schulleiterin an einer Grundschule in Hannover.
Sie gibt Lehrerfortbildungen zum Methodenlernen im Primarbereich.

Projektleitung: Gabriele Teubner-Nicolai, Berlin
Redaktion: Doreen Wilke, Berlin
Umschlaggestaltung: LemmeDESIGN, Berlin
Umschlagfoto: © st-fotograf – Fotolia.com
Technische Umsetzung: krauß-verlagsservice, Augsburg

www.cornelsen.de

Die Links zu externen Webseiten Dritter, die in diesem Titel angegeben sind, wurden vor Drucklegung sorgfältig auf ihre Aktualität geprüft. Der Verlag übernimmt keine Gewähr für die Aktualität und den Inhalt dieser Seiten oder solcher, die mit ihnen verlinkt sind.

1. Auflage 2015

© 2015 Cornelsen Schulverlage GmbH, Berlin

Das Werk und seine Teile sind urheberrechtlich geschützt.
Jede Nutzung in anderen als den gesetzlich zugelassenen Fällen bedarf der vorherigen schriftlichen Einwilligung des Verlages. Hinweis zu den §§ 46, 52a UrhG: Weder das Werk noch seine Teile dürfen ohne eine solche Einwilligung eingescannt und in ein Netzwerk eingestellt werden.
Dies gilt auch für Intranets von Schulen und sonstigen Bildungseinrichtungen.

Druck: CPI – Clausen & Bosse, Leck

ISBN 978-3-589-16225-3

 Inhalt gedruckt auf säurefreiem Papier aus nachhaltiger Forstwirtschaft.

Inhalt

Vorwort 5

Einführung 7

1 Der Sockel für ein erfolgreiches Methodenlehren und -lernen 9
1.1 Sozialkrümel 9
1.2 T-Chart 9

2 Erste Strukturen 21
2.1 Die Ampelmethode 21

**3 Möglichkeiten für ein individuelles
und kooperatives Lernen schaffen: Sozialformen**
3.1 Sozialform Einzelarbeit 31
3.2 Sozialform Partnerarbeit 33
    3.2.1 Verabredungskarten 42
3.3 Sozialform Gruppenarbeit 46
    3.3.1 Arbeitsteilige Gruppenarbeit 54
    3.3.2 Freie Gruppenarbeit 57
    3.3.3 Reflexion von Gruppenarbeiten 63

4 Struktur – Kommunikation – Meinungsbildung 66
4.1 Tischsetmethode 66
4.2 Graffitimethode 69
4.3 Strukturlegetechnik 72
4.4 Punkteabfrage 77

**5 Trainingszeit: Mit unterschiedlichen Methoden
auf dem Weg zu einem gelungenen Kurzvortrag** 80
5.1 Die Vorarbeit: Das Spickzetteltraining 81
5.2 Freies Sprechen vor einer Gruppe 87
    5.2.1 Inhalte ordnen: Mein erster Eindruck 88
    5.2.2 Zusammenhänge herstellen und Geschichten erfinden 91
    5.2.3 Deine Meinung ist gefragt 91
    5.2.4 Wer bin ich? 91
    5.2.5 Präsentation von Witzen 91

	5.3 Letzte Vorbereitungen – Entwicklung eines Kriterienkatalogs	96
	5.4 Vorbereitung eines Kurzvortrags zum Thema „Hobbys"	97
	5.4.1 Trainingsmaterial	97
	5.4.2 Übungen im Doppelkreis	106
	5.4.3 Bewertung und Reflexion	108
6	**Methodenbewertung**	110
	Literatur	112

Webcode: Sie können die Kopiervorlagen aus dem Internet als pdf-Datei herunterladen. Sie finden dazu eine Zahlenkombination jeweils unten auf der Buchseite. Geben Sie diese unter www.cornelsen.de/webcodes ein. Achten Sie bitte darauf, dass beim Ausdrucken bei Seitenanpassung „In Druckbereich einpassen" aktiviert ist, damit Sie eine DIN-A4-Seite bekommen.

Vorwort

Seit vielen Jahren begleitet mich das *Wie* durch meine beruflichen Stationen. In den 90er Jahren stellte sich mir als Physiotherapeutin in einer Kinderklinik die Aufgabe, Kindern im Umgang mit ihrer Krankheit einen Weg aufzuzeigen, den sie bewältigen und annehmen können.
Das war nicht immer leicht – hier waren Ideen gefragt, die besser waren als die Angst vor eventuellen Schmerzen. Ideen, die die Hemmschwelle zu einem Anfang überbrücken sollten. Ideen, die den Kindern gleichzeitig einen Nutzen aufzeigen sollten, damit sich die Entscheidung *für* einen neuen Weg auch lohnte.
Einmal ausprobiert, zeigte sich der Sinn dieser neu gegangenen Wege für die Kinder oft sehr schnell und eröffnete ihnen eine Eigenständigkeit, die mit wiederholtem Üben deutlich und schnell wuchs.

Als ich Jahre später Kindern in einem anderen Umfeld begegnete, nun als Lehrerin in einer Grundschule, konnte ich feststellen, dass sich eigentlich nicht viel an den Anforderungen, die sich mir zuvor in der Kinderklinik gestellt hatten, geändert hatte.
In den ersten Jahren ergaben sich immer wieder Situationen, in denen ich feststellen musste, dass das *Wie* für mich noch nicht an allen Stellen des primaren Schulalltags geklärt war.

Auf der Suche nach Antworten und guten Wegen besuchte ich über einen längeren Zeitraum eine hervorragende Methodenfortbildung, die jedoch nicht für den Primarbereich gedacht war. Sie versorgte mich auf die schönste Weise mit sehr vielen Antworten auf meine Fragen nach einem guten *Wie*.
Worauf es nun ankam, war, diese großen Erkenntnisse auf die Altersgruppe von Grundschulkindern umzuarbeiten. Ich machte mich an die Arbeit und war sehr überrascht, zu welchen enormen Leistungen bereits 6-Jährige in der Lage sind, wenn ihnen sinnvolle Wege dahin eröffnet werden.
In den letzten Jahren konnte ich sehr viele Erfahrungen sammeln, die ich in diesem Buch gern an Sie weitergeben möchte.
Neben Trainingsbeispielen für die erfolgreiche Anwendung von verschiedenen Sozialformen finden Sie in diesem Buch zahlreiche Möglichkeiten und Übungen, die in meinen Augen in hohem Maße zu einem erfolgreichen, selbstständigen, kooperativen und selbstbewussten Lernen führen können.

Die meisten dieser Methoden sind in den verschiedensten Unterrichtsfächern denk- und einsetzbar. Deshalb habe ich versucht, möglichst vielfältige Beispiele einzuflechten.

Doch keines dieser Beispiele soll als unveränderbar gelten. Trauen Sie sich einmal an eine Übung heran, werden Sie schnell feststellen, dass sicherlich auch einige Varianten denkbar sind.

Doch nun gilt: Legen Sie los und finden Sie die richtigen Methoden für sich heraus.

Ich wünsche Ihnen viel Spaß und Freude mit meinen Anregungen für das *Wie*. Dabei danke ich all meinen Schulkindern, die mich mit ihrem Ideenreichtum zu diesem Buch ermutigt haben.

Anke van Laak

Einführung

Der Aufbau dieses Buches ist leicht überschaubar und für nahezu jede Methode dreigeteilt.

Sie werden zu Beginn einer jeden Methode oder Übung eine Lehrerinformation finden, die Sie mit den Details versorgt, die für Sie als Lehrkraft wichtig sind.

Im Anschluss daran habe ich i.d.R. eine mögliche Unterrichtssituation skizziert. Dazu biete ich Ihnen Impulse für eine anschauliche Umsetzung und Übung an. Das vereinfacht den Anfang für Sie.

Im dritten Schritt stelle ich Ihnen dafür Material und Kopiervorlagen zur Verfügung. Damit können Sie ohne große Vorbereitung diese neuen Methoden in Ihrer Klasse üben und festigen.

Das Buch ist als reines Praxisbuch zu verstehen, daher möchte ich an dieser Stelle die Begriffe vorstellen, die Ihnen wiederholt begegnen werden.

Sozialformen

Die sogenannten Sozialformen haben im Grundschulalltag einen zentralen Stellenwert, denn sie sprechen die Basiskompetenzen des sozialen Miteinanders an.

Ein durchdachter Aufbau der Sozialformen im Unterricht der Primarstufe ist meines Erachtens unerlässlich. Sie finden in diesem Kapitel ausschließlich erprobte Praxisanteile, die helfen können, diese sozialen Fertigkeiten mit Kindern der Altersgruppe zu trainieren.

Sind die sozialen Basiskompetenzen zuverlässig erarbeitet worden, bieten sie die Grundlage für ein erfolg- und sinnreiches Methodenlernen. Der Einsatz dieser methodischen Ideen ist vielfältig möglich und in die meisten Unterrichtsfächer integrierbar. Mit den aufgeführten Übungen wird jedoch kein Anspruch auf Vollständigkeit erhoben. Die Möglichkeiten der inhaltlichen und methodischen Ausweitung sind auch über diese Ideen hinaus vielfältig denkbar.

Methoden

Die vorgestellten Methoden sind als Auswahl zu verstehen. Probieren Sie aus, welche Methode zu Ihnen und Ihrer Art des Unterrichts passt.

In meinem Fokus stehen immer wieder Methoden, die die Kinder in ihrer Lust am Arbeiten fördern und sie in ihrem Selbstständigkeitserleben stärken. Der Auf- und Ausbau einer gelungenen, freundlichen und zielorientierten Kommunikation steht in meinen Augen in seiner Bedeutung dem Aufbau von Struktur in nichts nach.

Sind Sie ein begeisterter Methodenvermittler, werden es Ihnen die Kinder schnell und hochmotiviert nachtun und Ihre Ideen offen und neugierig annehmen.

Gibt es anfangs möglicherweise noch Unsicherheiten bei der Umsetzung, werden Sie schon nach kurzer Zeit durch einen routinierten Umgang die Früchte Ihrer Arbeit ernten können.

Energizer

Ein „Energizer" erfüllt im Unterricht tatsächlich das, was er verspricht: Er sorgt für neue Energie und ist für mich aus einem guten Unterricht nicht wegzudenken.

Energizer sind Muntermacherspiele, die im Unterricht für neuen Schwung sorgen und nach langen Arbeitsphasen müde Geister neu beleben. Sie können die Kinder sowohl körperlich als auch geistig neu in Bewegung setzen. Dabei weisen diese Spiele meist wichtige soziale und pädagogische Komponenten auf und fördern die Kinder geistig und motorisch in ihrer Entwicklung.

Ebenso denkbar ist ihr Einsatz, um neuen Gruppen das Kennenlernen zu erleichtern. Aus diesem Grund sind Energizer auch als „Icebreaker" bekannt. Aus Platzgründen ist es mir leider nicht möglich, Ihnen hierzu Anregungen vorzustellen, Sie werden aber zahlreiche Ideen zu den o. a. Stichworten im Internet finden.

Der Sockel für ein erfolgreiches Methodenlehren und -lernen

1.1 Sozialkrümel

LEHRERINFORMATION

Sozialkrümel
Lediglich zur Ideengebung werden im Folgenden einige Beispiele für Sie skizziert:
- Morgenkreis: Kerze, Klassentier o. Ä. weitergeben, den Nachbarn mit „Guten Morgen, Alina" begrüßen und ihm in die Augen sehen
- Erzählkreis: Jeder fragt den Nachbarn: „Wie war dein Wochenende, Betül?"
- Interesse an anderen bekunden
- Kinder fragen sich untereinander nach Interessen oder danach, wie sie sich fühlen, und stellen das, was der Nachbar erzählt hat, später der Klasse vor
- „Warme Dusche": anderen sagen, was man an ihnen mag
- Spiele wie „Mein rechter, rechter Platz ist frei" und dazu eine bestimmte Frage stellen oder dem anderen sagen, was man an ihm besonders mag, usw.
- „Ich schenke dir mein Herz": einem Kind ein besonders nettes Kompliment auf ein Papierherz malen
- Rücken-Buchstaben-Massage
- Ein Kind liest der Klasse einen Text vor, den es zu Hause für alle vorbereitet hat, die Klasse würdigt diesen Einsatz durch aufmerksames Zuhören. Für den nächsten Tag bereitet ein anderes Kind einen Text vor.

1.2 T-Chart (nach Johnson & Johnson)

LEHRERINFORMATION

T-Chart
Unerlässlich für eine erfolgreiche methodische Arbeit mit Grundschulkindern ist meines Erachtens eine harmonische soziale Struktur in der Klasse. Ist sie nicht solide aufgebaut und gepflegt, so wird das Erreichen gemeinsamer Ziele und qualitativ guter Arbeitsergebnisse u. U. problematisch.
Mithilfe des T-Charts oder auch der T-Diagramm-Methode lassen sich gemeinsame Sozialziele für die Klasse aufbauen. Eine Struktur wird hier nach gewünschtem Ziel von Ihnen vorgegeben.
Die weitere Durchführung, die Ritualisierung und die konsequente sinnhafte Einhaltung und Akzeptanz der sozialen Ziele wird ein wichtiger Bestandteil des Klassenlebens sein, der nachhaltige Auswirkungen auf die gesamte Grundschulzeit und darüber hinaus haben wird.

Der Sinn dieser Methode und ihr anschließender Nutzen erschließt sich den Kindern sehr schnell.

Ideal für eine Einführung dieser neuen sozialen Übung eignet sich beispielsweise eine Situation, in der die Klasse sich zu laut verhält. Sie können nach Vorbereitung des dazugehörigen Materials nun das Wort ergreifen, um damit zu beginnen, ein neues Zeichensystem in der Klasse zu etablieren.

In den unteren Klassenstufen empfiehlt es sich sicher, mit einem Belohnungssystem zu arbeiten, d. h. die Kinder erst kleinschrittig zu belohnen und die Verstärkungsintervalle dann nach und nach zu vergrößern.

Suchen Sie sich ein von Ihnen priorisiertes Ziel, das Sie mit Ihrer Klasse in nächster Zeit erreichen und festigen möchten. Es kann sich dabei beispielsweise um solche Ziele handeln, die zu einem harmonischen Klassenleben beitragen:
- Wir halten uns an die Regeln.
- Wir helfen uns gegenseitig.
- Wir gehen höflich miteinander um.

Dieses Ziel sollte auf Ihre eigene – auf die Klassensituation abgestimmte – Bedarfslage ausgerichtet sein. Ist die Klasse sehr laut, wird zunächst die gemeinsame Erarbeitung eines Regelkatalogs von Nutzen sein.

Eine mögliche Unterrichtssituation wird Ihnen unter „Unterricht/Impulse für die Umsetzung" (s. S. 13) vorgestellt.

An dieser Stelle werden mit den Schülerinnen und Schülern zwei Plakate erstellt, die ihnen die Abstraktheit des regelkonformen Verhaltens nehmen sollen und die eigentlichen Ziele veranschaulichen.

Eine einfache Aufforderung „Bitte halte dich an die Regeln" wird bei Kindern unterschiedliche oder aber keine Reaktion hervorrufen, da in diesem Moment die Fähigkeit der situationsbezogenen Reflexion nicht vorausgesetzt werden kann.

Jede Schülerin und jeder Schüler soll das gleiche Verständnis von einer erfolgreichen Umsetzung bekommen, wie Sie es als Vision für die Klasse beabsichtigen. Das setzt eine gemeinschaftliche Erarbeitung voraus, in der Begrifflichkeiten anschaulich erklärt und reflektiert werden können, sodass ein neues Sozialverhalten in der Klassengemeinschaft Einzug halten kann.

Die gemeinschaftliche Umsetzung fördert zudem das Selbstmanagement und die eigenständige Umsetzung von Arbeitsprozessen erheblich.

Zurück zu den Plakaten und ihrer Gestaltung: Versprochen wurde an dieser Stelle eine Minderung der Abstraktheit. Sie lässt sich auf diesem Wege erreichen, da sich Kinder über den Einsatz ihrer Sinne meist sicherer ausdrücken können als im rein kognitiven Bereich.

Auf den vorgefertigten Plakaten – die Leitfrage beschäftigt sich mit dem Einhalten der Klassenregeln – steht zum einen **„Was sehe ich** (bei einem Kind, das sich an die Regeln hält)?" und zum anderen **„Was höre ich** (bei einem Kind, das sich an die Regeln hält)?":

Ich sehe:
→ Kinder, die an ihrem Platz sitzen
→ Kinder, die sich melden und warten, bis sie an der Reihe sind
→ Kinder, die ihr Unterrichtsmaterial auf dem Tisch haben
→ Kinder, die bei Unruhe das Leisezeichen zeigen
→ und vieles mehr, je nachdem, was für Sie am wichtigsten ist

Ich höre:
→ Kinder, die mit ihrem Partner im Flüsterton arbeiten
→ Kinder, die die Tür leise öffnen und schließen
→ nichts, wenn sich die Klasse in einer Stillarbeit befindet
→ Kinder, die Bitte und Danke zueinander sagen
→ und vieles mehr, je nachdem, was für Sie am wichtigsten ist

Indem Sie mit Ihren Schülerinnen und Schülern diese Plakate gemeinsam erstellen und gewünschtes Verhalten miteinander vereinbaren, werden Sie automatisch eine gemeinsame Sprache entwickeln, die die Gemeinschaft versteht.

Zu viele Vereinbarungen demotivieren die Kinder! Insgesamt sollten Sie sich auf maximal fünf bis sechs seh- und hörbare Regeln einigen, denn in größerer Anzahl wird es den Kindern nicht möglich sein, sie alle zu gegebener Zeit zu erinnern.

Nun haben Sie mit Ihren Schülerinnen und Schülern das erwünschte Regelverhalten benannt, erklärt, reflektiert und schriftlich fixiert.

Ab diesem Zeitpunkt soll ein neuer verbindlicher Rahmen entstanden sein, an den sich nicht nur die Schülerinnen und Schüler, sondern genauso die Lehrer halten müssen, denn nur ein positiv geprägtes Verhaltensmodell ist für die Kinder nachvollziehbar und sinnhaft. Wünschen Sie demnach einen Flüsterton während der Arbeitsphasen, sollten auch Sie dieses Ziel umsetzen, um Unterrichtsstörungen zu vermeiden.

Die Visualisierung dieser gemeinsam erarbeiteten Ziele ist von großer Wichtigkeit. So wird die Sensibilisierung für die gewünschten sozialen Fähigkeiten erhöht und kann jederzeit durch stumme Impulse erinnert werden.

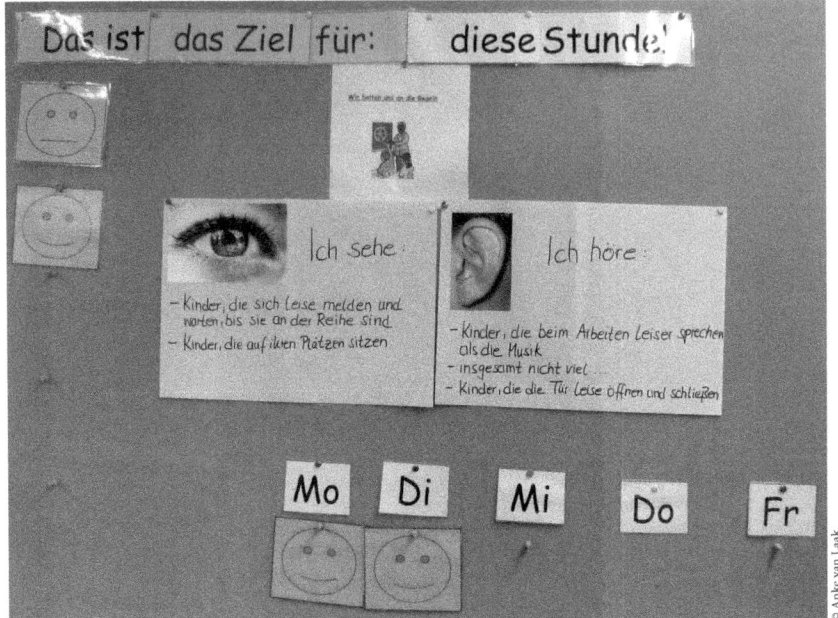

Nun haben Sie einen inhaltlichen Rahmen mit den Kindern vereinbart und die Ziele der Regeleinhaltung an einer Pinwand visualisiert.

Im Nachgang muss natürlich eine Rückmeldung an die Kinder erfolgen. In der Grundschule empfiehlt es sich, das Erreichen der Ziele sehr engmaschig zurückzumelden. Ich mache das anfangs nach jeder Unterrichtsstunde.

Dieses Verfahren ist zu Beginn recht zeitintensiv, spielt sich jedoch sehr schnell ein. Nach jeder Stunde findet eine kurze gemeinsame Reflexion mit der Klasse statt. Sorgen, dass dieses Zeitinvestment kostbare andere Lernzeit nimmt, habe ich mir nicht gemacht, denn das T-Chart trägt m. E. erheblich nicht nur zu einem harmonischen, sondern in der Folge auch zu einem sehr effektiven Lernklima bei.

Anfängliche Reflexionen finden beispielsweise im Sitzkreis statt. In den ersten Wochen sollten immer wieder die „Seh- und Hör-Regeln" gemeinsam durchgegangen werden, das führt später zu schnelleren und auch sichereren Einschätzungen des Verhaltens.

Haben die Kinder alles eingehalten, was gemeinsam vereinbart wurde? Das erinnert und bestimmt die Gemeinschaft und begründet ihre Einschätzung mithilfe der gemeinsam erstellten Plakatkriterien.

Je nach Ausgang der Reflexion bekommen die Kinder für diese Stunde eine positive Rückmeldung über ein (grünes) lachendes Smiley. Waren die vereinbarten Verhaltensweisen nicht alle sicht- oder hörbar, werden sie entweder mit einem (gelben) ernsteren Smiley oder gar mit einem (roten) traurigen Smiley zurückgemeldet.

Am Ende des Schultags wird dann eine Gesamttagesfarbe bestimmt. Der Tag endet z. B. mit einem lachenden Gesicht.

An dieser Stelle muss jeder selbst entscheiden, wie viele grüne Smileys am Ende der Woche gesammelt werden müssen, um eine Belohnung auszusprechen.

Beginne ich in der ersten Klasse mit dem T-Chart, belohne ich den Tag mit einem grünen Smiley, wenn insgesamt zwei der vier Stunden nach den vereinbarten Regeln liefen, am Ende der Woche müssen mindestens drei grüne Tagessmileys an der Pinwand hängen, um eine Klassenbelohnung zu vergeben.

In höheren Klassenstufen gelten dann strengere Kriterien. Das jedoch ist Ermessenssache einer jeden Lehrkraft.

Das T-Chart eignet sich außerdem sehr gut als schulinternes Rückmeldeverfahren, das die Kommunikation zwischen den Lehrkräften vereinfacht und stabilisiert.

Hängt in jeder Klasse einer Schule ein solches T-Chart, weiß jede Person, die sich nicht unmittelbar im ständigen Klassengeschehen befindet, also Fachlehrer und besonders Vertretungskräfte, wie das Regelwerk der jeweiligen Klasse heißt.

Zudem hat jede Lehrkraft, die die Klasse betritt, durch die grünen, gelben oder roten Smileys sofort einen Eindruck von der Tagesform der Klasse.

Auch der Klassenlehrer kann so beurteilen, wie sich die Klasse außerhalb des eigenen Unterrichts bei anderen Lehrern verhält.

Unterrichtssituation/Impulse für die Umsetzung

„Ich habe bemerkt, dass es in den letzten Wochen in unserer Klasse ganz schön laut geworden ist, wie auch jetzt gerade wieder.

Einige von euch haben sich darüber schon so geärgert, dass sie sich bei mir beklagt haben. Manche bekommen von dem Lärm sogar Kopf- oder Ohrenschmerzen.

Was ist denn die Folge davon, wenn es so laut bei uns zugeht?"
Antworten werden z. B. sein:
→ Wir schaffen weniger.
→ Die Arbeit macht keinen Spaß, weil Redebeiträge nicht verstanden und häufig wiederholt werden müssen.
→ Kinder, die mitarbeiten möchten, werden ausgebremst.

„Was sind die Folgen davon, die uns alle betreffen?"
→ Wir arbeiten in die Pause hinein.
→ Wir bekommen mehr Hausaufgaben.
→ Die Stimmung wird gereizt.

„Ich stelle immer wieder fest, dass mir unsere gemeinsame Arbeit am meisten Spaß macht, wenn wir uns alle an gewisse Regeln halten. Ich möchte euch in Zukunft für eine gute Zusammenarbeit belohnen, denn es freut mich, wenn es bei uns in der Klasse gut läuft.

Und damit ich das auch tun kann, stelle ich euch heute etwas vor:

Lasst uns gemeinsam überlegen, was wir an einem Kind beobachten/von einem Kind hören können, das sich an die Regeln hält."

An dieser Stelle zählen die Kinder meist Klassenvereinbarungen auf. Ich kleide diese Regeln dann in einen anschaulichen Satz, wie z. B. „Ich kann hören, dass Türen leise geöffnet und geschlossen werden, wenn die Klasse 3 b sich an die Regeln hält" oder „Wenn die Klasse 3 b die Regeln beachtet, kann ich Kinder sehen, die sich melden und warten, bis sie an der Reihe sind".

„Diese vereinbarten Ziele, die wir uns gerade gemeinsam überlegt haben, schreiben wir auf zwei Plakate, die von nun an immer an dieser Wand hängen und für uns alle sichtbar sind. Die Ziele sollen für jede Stunde gelten, und danach werden wir immer kurz darüber reden, ob wir sie in der Stunde erreichen konnten oder nicht.

Auch alle anderen Lehrer, die in eurer Klasse unterrichten oder vertreten, werden euch in Zukunft eine Rückmeldung für jede Unterrichtsstunde geben, denn für mich ist es auch wichtig zu sehen, ob ihr euch bei anderen genauso an die Regeln haltet. Am Ende der Woche werden wir dann immer feststellen, ob es eine Extra-Belohnung für euch gibt."

Kopiervorlage
Material T-Chart

Montag	Dienstag
Mittwoch	Donnerstag
Freitag	

Kopiervorlage
Material T-Chart

Kopiervorlage
Material T-Chart

| Das ist das Ziel für: |

| diese Stunde! |

| heute! |

| diese Woche! |

Kopiervorlage
Wir gehen höflich miteinander um

Kopiervorlage
Wir halten uns an die Regeln

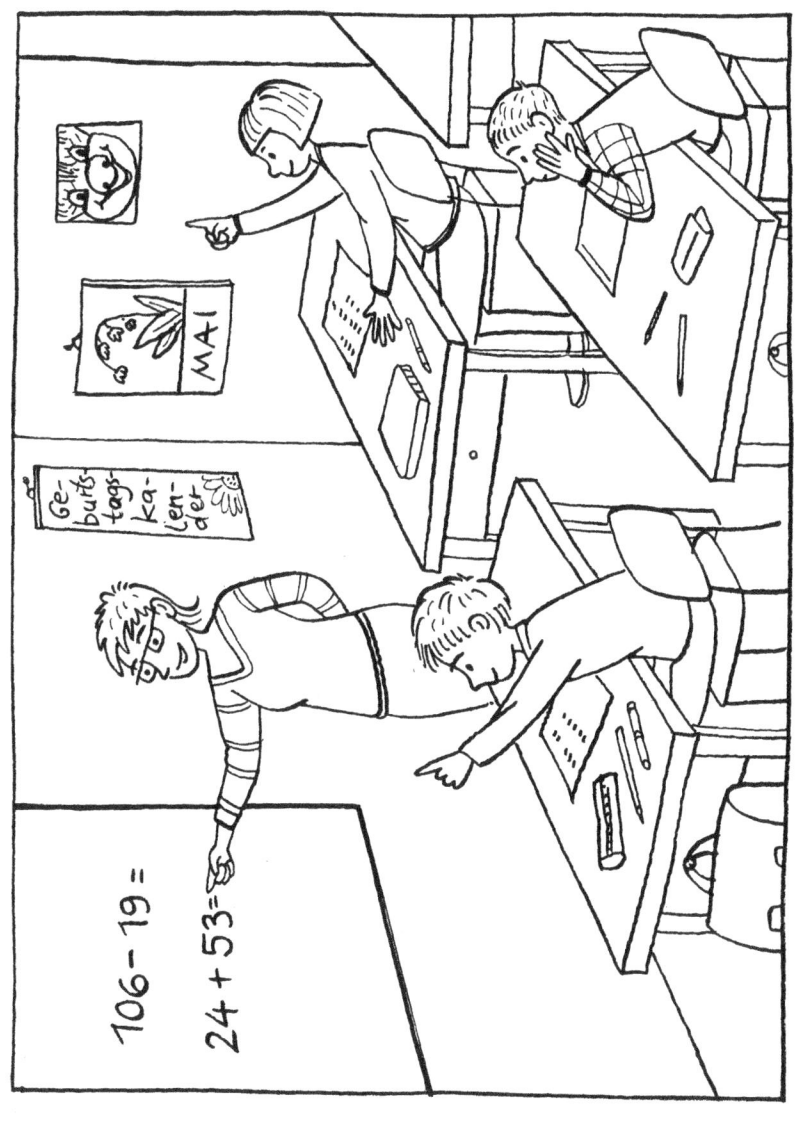

Kopiervorlage
Wir helfen uns gegenseitig

Erste Strukturen

2.1 Die Ampelmethode

LEHRERINFORMATION

Diese Methode ist eine Strukturhilfe für jede Klasse, die zudem eine einfache und sehr effektive Art der nonverbalen Kommunikation darstellt. Sie bietet eine einfache Visualisierung durch die Ampelfarben Rot, Gelb und Grün, deren Bedeutung sogar Schulanfänger leicht erfassen können. Das macht die Einführung für Sie sehr leicht, und die Inhalte sind für die Kinder verständlich und nachvollziehbar. Diese Methode ist einfach zu verstehen und vielseitig einsetzbar.

Sie kann folgende Funktionen erfüllen:

1. **Schnelle Verständnisabfragen** (z. B. nach Arbeitsaufträgen)
   Rote Karte: Ich habe noch wichtige Fragen.
   Gelbe Karte: Ich habe noch Fragen, die aber nicht ganz so wichtig sind (für die Grundschule m. E. mit dieser Aussage noch nicht geeignet).
   Grüne Karte: Nein, ich habe keine Fragen.

Jede Schülerin und jeder Schüler hat drei kleine Ampelkarten (rote Karte mit Fragezeichen, gelbe Karte blanko, grüne Karte mit Ausrufungszeichen) auf dem Tisch liegen.
Sie können sich bei Gruppentischen entweder in einem Materialkörbchen in der Tischmitte befinden oder auf dem Tischbereich eines jeden Kindes in einer sogenannten Kartengarage (einem auf dem Tisch festgeklebten offenen Briefumschlag).
Die großen Ampelkarten mit Bedeutungstext und das Ampelbild selbst hängen zu Visualisierungszwecken in der Klasse gut sichtbar aus.

2. Ruhe in der Klasse halten

Ampelkarten können helfen, Unruhe während der Arbeitsphasen zu vermeiden. Kinder kommen oft zur Lehrkraft gelaufen, um Zwischenfragen zu stellen.

Das ist zwar eine vermeintlich komfortable Situation für die Lehrkraft, führt aber doch schnell zu Unterrichtsstörungen. Diese lassen sich einfach vermeiden, wenn ein Kind, das eine Frage stellen möchte, die rote Karte hebt und mir damit anzeigt, dass es Hilfe benötigt. Dann gehe ich leise zu ihm und helfe am Platz. Der Einsatz dieser Methode fordert meine ganze Aufmerksamkeit.

3. Arbeitsprozesse wirtschaftlich gestalten

Mit den Ampelkarten – und nun kommt auch in der Grundschule die gelbe Karte zum Einsatz – lassen sich manche Arbeitsprozesse wirtschaftlicher gestalten.

Gehen wir von einer stillen Schreibarbeit aus. Zeigt ein Kind die rote Karte, heißt das nach wie vor, dass es Hilfe braucht.

Hebt ein Kind die gelbe Karte, bedeutet es, dass es die Arbeit beendet hat und ich die Ergebnisse überprüfen kann.

Wenn das Kind die Inhalte verstanden und in der Arbeit gut umgesetzt hat, erlaube ich ihm, die grüne Karte für die anderen Kinder hochzuhalten.

Das bedeutet für alle anderen, die mit der roten Karte um Hilfe bitten, dass dieses Kind nun als Coach freigegeben ist und den Mitschülerinnen und Mitschülern helfen darf.

Dieses Verfahren ist bei den Kindern sehr beliebt und wird von Zeit zu Zeit, aber nicht dauerhaft angewendet, um zu vermeiden, dass sich immer dieselben Kinder in Coaching-Positionen befinden.

4. Abfragespiele

Zu guter Letzt lassen sich mit den Ampelkarten Abfragesituationen, entweder mit der roten und grünen oder auch mit allen drei Farbkarten nach einem einfachen Quizprinzip gestalten.

Die Lehrkraft kann die Karten an die Tafel hängen und ein einfaches Multiple-Choice-System praktizieren. Das eignet sich beispielsweise für ein Vokabeltraining oder für im Kopf zu lösende Rechenaufgaben. Die Lehrkraft schreibt unter jede Karte eine Antwort und stellt im Anschluss die Frage.

Dann muss jeder Schüler die Karte hochhalten, die seines Erachtens für die richtige Antwort steht. Die Gefahr von Mitläufern ist bei diesem Verfahren gering, denn jeder muss seine Entscheidung notfalls erklären können.

Diese spielerische Variante lässt sich auch als Abfragesituation gestalten.

5. Stille Impulse

Die rote Ampelkarte steht für das, was sie im Straßenverkehr bedeutet. Sie bedeutet, dass das Kind sein Verhalten stoppen, überprüfen und verändern sollte. Ohne selbst für Unruhe zu sorgen, lässt sich dies hiermit über einen stillen Impuls anzeigen.

Mit der grünen Karte melden Sie ein positives Verhalten zurück. Sie ist besonders gut bei sehr unruhigen Kindern als Zwischenmotivation einsetzbar und spornt diese meist an.

Unterrichtssituation/Impulse für die Umsetzung

„Viele Dinge, die wir in Zukunft vorhaben, machen wir nach einem neuen Zeichensystem, das ihr bestimmt alle kennt.

Ihr wisst sicher schon längst, wofür die Ampel steht."
Zu erwartende Antworten sind z. B.:
- Signalfarben im Straßenverkehr
- verabredete Zeichen
- Stopp, du darfst nicht weiter!
- Jetzt darfst du gehen!

„So, wie die Ampel im Straßenverkehr mit diesen drei Farben für Ordnung sorgt, soll sie das auch bei uns im Unterricht in Zukunft tun.

Dafür bekommt ihr alle eine rote, eine gelbe und eine grüne Karte und habt damit alle Farben, die die Ampel auch hat."

So können Sie in beliebiger Reihenfolge die unterschiedlichen Funktionen der Ampelkarten sukzessive einführen.

Kopiervorlage
Ampelmethode 1

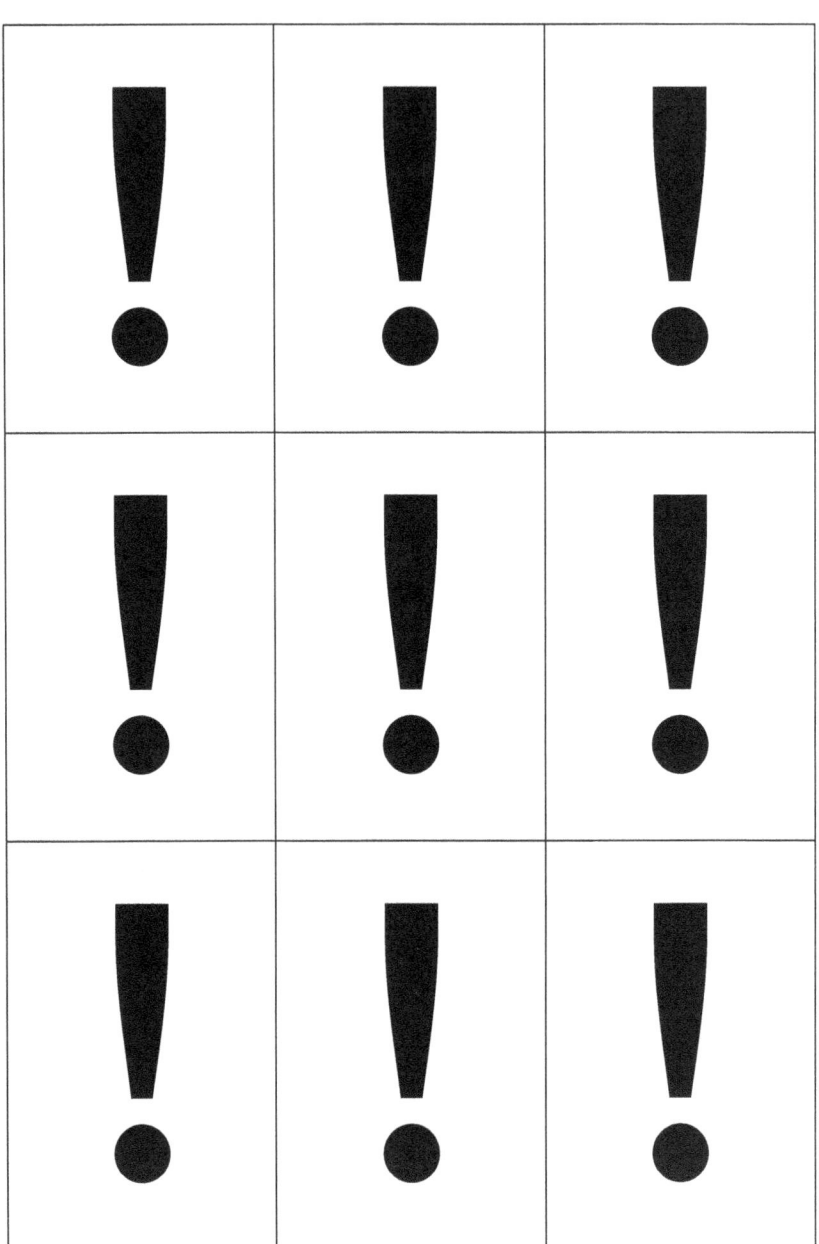

Kopiervorlage Ampelmethode

Webcode: MV162253-007

Kopiervorlage
Ampelmethode 2

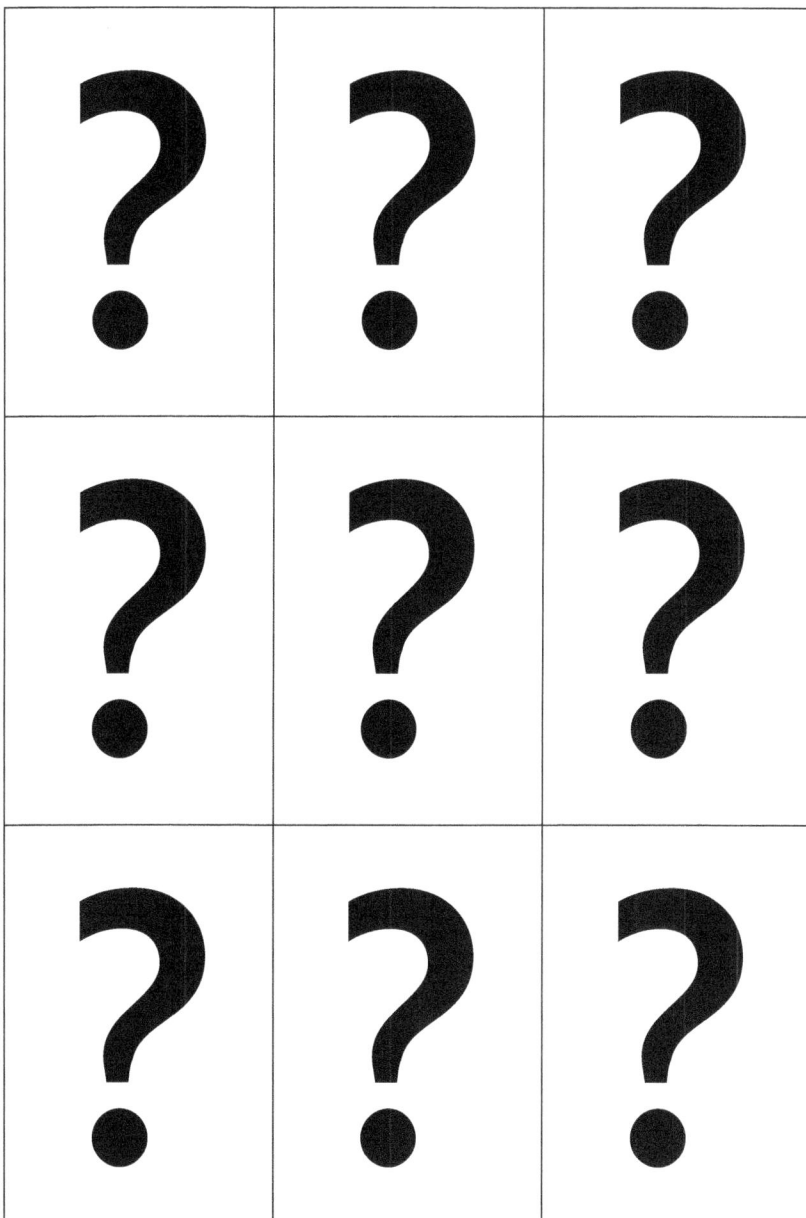

Kopiervorlage
Ampelmethode 3 (Blankovorlage für gelbe Ampelkarten)

Kopiervorlage
Ampelmethode 4

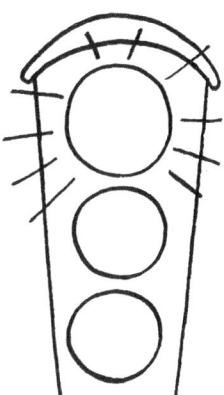

Achte auf dein Verhalten!

Kopiervorlage
Ampelmethode 5

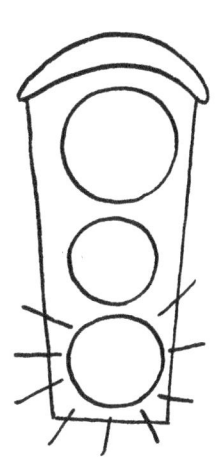

Dein Verhalten ist gut!

Kopiervorlage
Rote Ampelkarte

Ich habe noch wichtige Fragen!

Kopiervorlage
Gelbe Ampelkarte

**Ich habe noch Fragen, die aber nicht ganz so wichtig sind.
(Wenn noch genug Zeit ist.)**

Kopiervorlage
Grüne Ampelkarte

Nein, ich habe keine Fragen.

Möglichkeiten für ein individuelles und kooperatives Lernen schaffen: Sozialformen

3.1 Sozialform Einzelarbeit

LEHRERINFORMATION

Die Materialsammlung für die Sozialformen Einzelarbeit und Partnerarbeit wird im Anschluss an den Abschnitt zur Partnerarbeit (Kapitel 4.2) zusammengefasst.

Dieser Sozialform wird von den meisten Lehrkräften wahrscheinlich am wenigsten Beachtung geschenkt, da sie von uns allen täglich ohnehin intensiv geübt wird. Aber welchen Sinn hat eigentlich die Sozialform Einzelarbeit und an welchen Stellen des Unterrichts ist sie besonders wichtig?

Sicher setzen viele Lehrkräfte diese Sozialform gern ein, weil sich der Wunsch einer ruhigen Arbeitsatmosphäre mit einer gelungenen Einzelarbeit am verlässlichsten einstellt.

Kann ein Schulkind die Einzelarbeit von selbst, und unter welchen Umständen betrachten wir die Einhaltung dieser Form als erfolgreich? Erfolgreich ist eine Einzelarbeit m. E. besonders dann, wenn das Kind nicht nur ruhig arbeitet, sondern wenn es in der Lage ist, sich seine Arbeit nach einem sinnvollen System zu organisieren.

Für die Errichtung dieses Systems sind aus meiner Sicht verschiedene Fähigkeiten von Belang:
- Das Kind kann sich seinen Tisch einrichten (Arbeitsplatzorganisation); das lässt sich mit kleinen Aufgaben üben (s. S. 36 ff.).
- Die Schultasche kann bedarfsgerecht gepackt, der Materialbedarf differenziert werden.
- Eine Mappe/ein Arbeitsblatt kann nach bestimmten Kriterien geführt werden.
- Reihenfolgen können eingehalten und die Arbeit darauf ausgerichtet werden (Organisation in methodischen Reihen ritualisieren, beispielsweise erst lesen, dann nötiges Material besorgen, bei Unklarheiten recherchieren oder andere um Hilfe bitten usw.).
- Das Kind kann genau hinsehen, genau hinhören, genau überlegen, was gefordert ist, arbeiten und später Ergebnisse überprüfen.
- Das Kind kann ein Hausaufgabenheft sinnvoll führen.
- Das Kind kann Hausaufgaben nach einer systematisierten Reihenfolge erledigen (Tisch einrichten usw.).

- Das Kind kann lernen, einen Zeitrahmen einzuhalten, sowohl innerhalb einer Arbeitssequenz als auch am Nachmittag.
- Das Kind kann sich auf Klassenarbeiten vorbereiten.
- Das Kind kann Strategien entwickeln, die das Lernen erleichtern (z. B. „Lesen mit Köpfchen", 3-Schritt-Methode, Markieren).

Diese Fertigkeiten werden von uns allen vielfältig geübt und angewendet. Das Ziel ist, sukzessive allein und selbsttätig zu handeln, was dann erfahrungsgemäß nach und nach immer besser klappt.

Kann ein Schüler oder eine Schülerin ein Problem nicht allein lösen, gibt es unterschiedliche Angebote der Hilfestellung durch die Lehrkraft. Es bestehen vielerlei Möglichkeiten, die Kinder in ihrer Selbstständigkeit bzw. auf ihrem Weg zu einer erfolgreichen Einzelarbeit zu unterstützen:

- Der klassische und direkte Weg der Problemlösung ist sicherlich die Hilfestellung der Lehrkraft bei Meldung des Kindes.
- Mehr Eigenleistung – auch sprachlich organisierter Art – wird dem Kind abverlangt, wenn es bei einem Problem erst seinen Nachbarn oder die Tischgruppe zu Rate zieht.
- Kann das Kind auch innerhalb seiner Tischgemeinschaft keine Hilfe finden, tritt es vor die Klasse, beschreibt sein Problem und bittet selbstständig um Hilfe.

Diese Maßnahmen erfordern Zeit und Geduld und sind nicht jedem Kind ab Klasse 1 zuzumuten. Denn es sind einige Fähigkeiten und Fertigkeiten nötig, um diese Schritte eigenständig zu gehen.

So muss der Mut aufgebracht werden, vor anderen frei zu sprechen. Auch fällt es nicht jedem leicht, vor der Klasse zuzugeben, dass Hilfe benötigt wird – das erfordert hohe Fähigkeiten zur Reflexion. Ein Vertrauen in die soziale Hilfsbereitschaft der Klasse muss ebenfalls bestehen und ist sicherlich nicht in jeder Lerngruppe vorauszusetzen, aber hervorragend mit den Sozialkrümeln und dem T-Chart anzubahnen.

Die Lehrkraft hilft erst, wenn diese Maßnahmen der selbsttätigen Hilfesuche ausgeschöpft sind.

So sollte eine „Hilfskultur" entwickelt werden, in der die Kinder nicht nur ohne Stress Hilfe suchen, sondern Hilfe auch gern annehmen.

Aus meiner Erfahrung lohnt sich dieser anfänglich mühsame Weg, die Kinder zu einer erfolgreichen und eigenständigen Einzelarbeit zu führen.

Ein intensives Training der Einzelarbeit als Sozialform hat in meinen Augen einen hohen Stellenwert, denn erlassgemäß müssen Kinder Hausaufgaben in der Schule aufbekommen, die im Primarbereich in den ersten Jahren meist auf eine Einzelarbeit ausgerichtet sind.

Gewinnbringend bei einer Einzelarbeit können diese Faktoren sein:
- Jedes Kind kann nach eigenem Tempo arbeiten. Es ist keine Rücksichtnahme auf andere erforderlich und es kommt kein Stress durch schnellere „Mitarbeiter" auf.
- Eine Differenzierung qualitativer und quantitativer Art kann in dieser Sozialform besonders gut stattfinden (differenzierte Aufgabenstellungen).
- Schwierigkeiten können als Herausforderungen gelten, die es zu meistern gilt.

Als nachteilig kann die fehlende Interaktion und Kommunikation betrachtet werden. Es ist eine „kontaktarme" Sozialform.

3.2 Sozialform Partnerarbeit

LEHRERINFORMATION

Auf den ersten Blick könnte es sich hierbei um eine recht einfache Sozialform handeln, bei ehrlicher Betrachtung funktioniert sie jedoch nicht immer gut. Es kommt immer wieder vor, dass beide Kinder eher in Einzelarbeit nebeneinander her arbeiten, ohne dass es tatsächlich zu partnerschaftlichen Interaktionen oder Ergebnissen kommt.

Mein Ziel ist es, vorerst die soziale Kompetenz durch viele Gesprächssituationen zu schaffen, in denen ein nettes Miteinander vordergründig ist, das die Atmosphäre fruchtbarer macht und die Kinder empfänglicher für einen Austausch an Freundlichkeiten werden lässt.

Durch eine noch nicht oder erst gering ausgebildete Fähigkeit dieser Altersgruppe zum perspektivischen Wechsel fällt es vielen Kindern, besonders in den ganz unteren Klassenstufen, schwer, einen wirklichen Bezug zu vorgetragenen persönlichen Erlebnissen anderer Kinder herzustellen. Meist nehmen sie nur bestimmte Codewörter wahr, die sie dazu veranlassen, etwas selbst Erlebtes zu berichten.

Diese Fähigkeit wird „autobiographisches Zuhören" genannt. Ein wirkliches Einfühlungsvermögen für die Situation anderer ist meist nur durch direkte Fragen der Art „Wie würdest du dich selbst fühlen, wenn ...?" zu erreichen.

Kleine Übungen, die die Kinder auf den Weg der direkten Bezugnahme auf von anderen vorgetragene Inhalte führen und damit ideale Voraussetzungen zum partnerschaftlichen Arbeiten anbahnen können, sind im ersten Kapitel „Sozialkrümel" bereits genannt worden.

Diese vielen kleinen sozialen Übungen tragen maßgeblich dazu bei, die Grundsteine einer funktionierenden Partnerarbeit zu legen.

Eine Einführung der Sozialform Partnerarbeit ist dann besonders sinnvoll, wenn sich durch die Aufgabe, die es gemeinsam zu lösen gilt, den Kindern der Sinn einer gemeinsamen Erledigung quasi aufdrängt. Das heißt, es sollte sich um Aufgaben handeln, die ohne einen helfenden Partner nicht lösbar sind. So erkennen sie, was für einen Wert der Partner in bestimmten Situationen hat. Nur dann werden sie auch den Sinn finden können und in späteren Partnersituationen nicht nebeneinanderher agieren.

Das bedeutet für mich als Lehrkraft, dass ich erst einmal Situationen schaffen muss, in denen die Aufgabe ohne Partner nicht lösbar ist.

Dazu gehört begleitend eine gründliche Reflexion des gemeinsamen Tuns. Wie wäre die Arbeit ohne Partner ausgegangen?

Ich habe einige Ideen für unterschiedliche Unterrichtsfächer für Sie gesammelt. Bei diesen Übungen geht es nicht ohne einen Partner:

Sportunterricht
- Räuberleiter
- Seilspringen zu zweit mit nur einem Seil

Sachunterricht
- „Bauarbeiten" wie Ballonrakete, Luftballon über Flasche stülpen, Brückenbau usw.
- Thema „Sinne": Vertrauensspaziergang bei „Blinden"
- Schulgartenarbeit wie Pflanzarbeiten, Rankstäbe befestigen usw.

Textiles Gestalten
- Kordeln drehen usw.
- sich gegenseitig beim Einfädeln helfen
- gemeinsame Arbeit mit der Heißklebepistole
- Spritzdruck

Werken
- Nägel einschlagen, Holzstücke halten, kleine Hilfestellungen

Kochen
- gemeinsames Auftun heißer Gerichte

Wenn Sie als Lehrkraft genau solche Situationen mit den Kindern reflektieren, dann wird die Erkenntnis am Ende lauten, dass sich Aufgaben oder Probleme nicht immer allein lösen lassen und dass es ein großer Vorteil sein kann, Aufgaben wirklich gemeinsam zu bearbeiten.

Erst wenn sich den Kindern diese Erkenntnis erschlossen hat und sie den Gewinn des Lernens mit der Hilfe eines Partners verinnerlicht haben, führe ich Partnerarbeit im klassischen Sinn auch im alltäglichen Unterricht durch, indem ich Partnerdiktate, gegenseitiges Abfragen, gemeinsames Vorbereiten von kleinen Vorträgen und dergleichen mehr mit den Kindern übe.

In meinen Augen ist eine gut funktionierende Partnerarbeit – die Klarheit zu haben, dass man einem anderen hilft, Hilfe erfährt und so zu einem gemeinsamen Erfolg gelangt – die Grundlage und Voraussetzung für „Größeres" wie Gruppenarbeit, bestimmte Wochenplanformen oder Projektarbeit.

Die Sozialform Partnerarbeit übt die Bezugnahme auf ein Gegenüber und damit tatsächliches kooperatives Verhalten und neue Interaktionsmuster. Sie ist in allen Fächern möglich und fördert die Selbstständigkeit der Kinder in einem hohen Maße.

Im Anschluss habe ich geeignete Übungen zusammengestellt. Manche eignen sich zur Übung der Einzelarbeit, andere zur Übung der Partnerarbeit, wieder andere eignen sich zum Einsatz für beide Sozialformen und sind deshalb zusammen aufgelistet.

Besonders die Übung wichtiger Arbeitstechniken lässt sich gut in die Erprobung dieser beiden Sozialformen integrieren.

▶ ▶ ▶ Unterrichtssituation | Impulse für die Umsetzung

Allein zu arbeiten setzt voraus, sich einen Arbeitsprozess organisieren zu können. Diese Organisation beginnt mit einer sinnvollen Gestaltung des Arbeitsplatzes. Ist dieser erste Schritt gemacht, lässt sich darauf sukzessive aufbauen.

Arbeitsplatzgestaltung

Möglicher Einstieg:

Gestalten Sie ein Chaos auf Ihrem eigenen Tisch und suchen Sie Unterlagen, an denen die Kinder Interesse haben (Geschichtenbuch, Tests o. Ä.).

Die Kinder werden das Problem erkennen und Sie darüber aufklären, dass Dinge auf unordentlichen Tischen schwerer zu finden sind und sowohl die Übersicht als auch der Platz zum Arbeiten fehlt.

Bei höheren Klassenstufen kann auch gemeinsam der eigene Tisch beobachtet und allein oder mit dem Partner protokolliert werden, was verändert werden könnte.

Damit das wünschenswerte Maß an Eigenständigkeit bewahrt und gefördert wird, besuchen sich die Kinder im nächsten Schritt gegenseitig an ihren Tischen, geben sich Tipps und erwägen Vor- und Nachteile einzelner Gestaltungen.

Im Anschluss sollte ebenfalls vom Einzelnen oder von den Partnern überlegt werden, ob der Tisch in der Gestaltung nicht nur ordentlich, sondern auch den bevorstehenden Unterrichtsinhalten angepasst ist.

In der gemeinsamen Reflexion sollten die Kinder Dinge benennen, die grundsätzlich nichts auf dem Tisch zu suchen haben, wie Spielzeug, Flaschen, Brotdosen, Spielkarten und dergleichen.

Im nächsten Schritt ist es sinnvoll, über eine „Grundgestaltung" hinaus eine inhaltsbezogene Arbeitsplatzgestaltung zu üben. Dies lässt sich in verschiedenen Situationen und auf unterschiedliche Art und Weise trainieren.

So wird dieses Training als Frontalgestaltung möglich sein, mit dem Ziehen von Auftragskarten, als Einzel- oder Partnerarbeit, mit Ihrer anschließenden Überprüfung oder mit wechselnden Partnern.

Grundausstattung
Nur ein zugeklapptes Etui liegt in der oberen Ecke auf dem Tisch, der Reißverschluss ist geöffnet. Das verhindert 25 Mal das Öffnungsgeräusch. Das Etui bleibt zugeklappt, damit der Reiz, mit Stiften, Linealen, o. Ä. zu spielen, gemindert wird.

Inhaltsbezogene Arbeitsplatzgestaltung

Auftragsbeispiele Überlege vorher genau, welche Dinge du auf deinem Tisch benötigst.

- Du hast eine Englischstunde: Richte deinen Arbeitsplatz so ein, dass du im Unterricht nicht umherlaufen musst. (Lehrwerk, Mappe, Etui, Vokabelheft)
- Du hast Deutschunterricht und sollst heute einen Text aus dem Buch abschreiben. (Sprachbuch, Deutschheft, Etui)
- Du hast Deutschunterricht und sollst in deinem Rechtschreibtrainer arbeiten und später die Rechtschreibung einzelner Wörter prüfen. (evtl. Schreibheft, Wörterbuch, Etui)
- Du hast Sachunterricht und sollst heute im PC-Raum zu einem bestimmten Thema Recherchen anstellen. (Etui und Block mitnehmen, unterstützend evtl. Fachbücher und Lexikon)
- Du sollst im Sachunterricht ein Plakat erstellen: Was gehört auf deinen/euren Arbeitsplatz? (Plakat, Etui, Kleber, Schere, Eddingstifte, Bücher oder Texte, evtl. Textmarker)

- Du möchtest dich im Umkleideraum für den Sportunterricht umziehen: Wie verhältst du dich, damit es mit so vielen Kindern zur gleichen Zeit auf engem Platz nicht chaotisch wird und du später deine Sachen schnell wiederfinden kannst? (festen Platz suchen, Rücksicht auf Nachbarn nehmen, Kleidungsstücke am Platz lassen und ordentlich zusammenlegen; Jacken, Mützen, Schals an die Garderobe; Licht aus, Tür zu)
- Ihr braucht Matten für den Sportunterricht. Wie organisiert ihr den Transport? (Träger für Hin- und Rückweg bestimmen; immer grundsätzlich vier Kinder pro Matte, bei großen Matten sogar zwölf Kinder pro Matte; Matten werden an den dafür vorgesehenen Platz zurückgebracht)
- Ihr benötigt Sprungbretter/Kästen für den Sportunterricht. (nach dem gleichen Prinzip arbeiten wie oben; vier Träger für ein Sprungbrett, zwei für kleine Kästen)
- Was solltest du regelmäßig prüfen, damit du in der Sporthalle auch immer gleich alles finden kannst? (Geräteraum aufräumen, Bestände checken usw.)

Gestaltung und Reflexion des häuslichen Arbeitsplatzes

- Wo arbeite ich? (Küche, eigenes Zimmer usw.)
- Habe ich einen eigenen Tisch oder arbeite ich auf dem Bett, auf dem Teppich?
- Wie sind die Lichtverhältnisse? Wo steht die Lampe?
- Habe ich alle Arbeitsmaterialien zu Hause, die ich zum Lernen oder für meine Hausaufgaben benötige?
- Werde ich schnell abgelenkt durch Geräusche, andere Personen, Spielzeug?
- Gibt es Veränderungsbedarf? Wie kann ich das tun? Brauche ich dazu Hilfe?

Heftseiten und Arbeitsblätter gestalten

Die Gestaltung von Heftseiten und Arbeitsblättern stellt immer wieder eine große Herausforderung dar. Haben wir als Erwachsene klare Vorstellungen, wie man ein Blatt Papier beschriftet oder in welcher Reihenfolge wir Heftseiten beschreiben, erleben wir täglich Überraschungen, die zeigen, dass es auch ganz anders geht. Schnell stellt sich dann aber heraus, dass sich in Heften gesuchte Dinge nicht wiederfinden lassen, dass das Arbeitsblatt schneller voll ist, als man dachte, und keine inhaltlich sinnvolle Ordnung besteht oder dass geschriebene Informationen im Bereich der Blattlochung verschwinden.

Die Gestaltung von Heftseiten gehört für mich zum ständigen Training. Der folgende Kriterienkatalog zeigt einen möglichen Aufbau von Gestaltungswünschen, die über die Grundschulzeit immer erweitert werden.

Sind die gelernten Verfahren erst einmal bei jedem Kind etabliert, können sie auf diese Weise vertieft und reflektiert werden:

- Stellen Sie eine defizitäre Seite vor, die jedes Kind erhält (s. S. 41). Auftrag: Schreibe für dich allein auf, was an dieser Seite verbessert werden könnte.
- Trefft euch nun mit eurem Verabredungspartner (s. Kapitel 4.2.1) und notiert gemeinsam 7 Dinge, die man hier besser machen könnte.
- Falls die Sozialform Gruppenarbeit schon eingeübt ist; finden sich die Kinder nach beliebigem Einteilungsprinzip zu viert zusammen. Auftrag: Erstellt aus den Verbesserungsideen neun Regeln und schreibt sie auf farbige Papierstreifen. (In jüngeren Jahrgängen lassen sich die Regeln gemeinsam an der Tafel sammeln.)
- Mit der Methode „Zufallsgenerator" wird eine Gruppe ausgelost, die Streifen an der Tafel fixiert. Die anderen ergänzen; nach der Einigung auf gemeinsame Regeln für die Seitengestaltung werden die Streifen auf ein Plakat geklebt.

Die Kriterien für eine sinnvolle Arbeitsblattgestaltung werden auf dem Plakat so angeordnet, wie ein Arbeitsblatt gestaltet werden soll: Datum oben rechts usw.

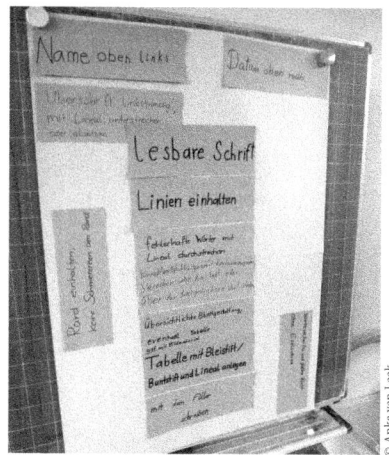

© Anke van Laak

Arbeitsblatt- und Heftseitengestaltung – Einzelarbeit

Mögliche Kriterien zur Gestaltung einer Heftseite in Klasse 2
- Datum oben rechts
- Name oben links
- Überschrift linksbündig, unterstrichen oder abgesetzt
- Rand einhalten, keine Schmierereien am Rand
- lesbare Schrift
- Linien einhalten

Mögliche Kriterien zur Gestaltung einer Heftseite in Klasse 3
- Datum oben rechts
- Name oben links
- Überschrift linksbündig, mit Lineal unterstreichen oder absetzen
- Rand einhalten, keine Schmierereien am Rand
- lesbare Schrift
- Linien einhalten
- Fehlerhafte Wörter mit Lineal durchstreichen
- Korrekturmöglichkeiten: mit durchnummerierten Sternchen unter den Text oder über das durchgestrichene Wort schreiben

Mögliche Kriterien zur Gestaltung einer Heftseite in Klasse 4
- Datum oben rechts
- Name oben links
- Überschrift linksbündig, mit Lineal unterstreichen oder absetzen
- Rand einhalten, keine Schmierereien am Rand
- lesbare Schrift
- Linien einhalten
- fehlerhafte Wörter mit Lineal durchstreichen
- Korrekturmöglichkeiten: mit durchnummerierten Sternchen unter den Text oder über das durchgestrichene Wort schreiben
- übersichtliche Blattgestaltung, eventuell Tabelle, ggf. mit Bildmaterial
- Tabelle mit Bleistift/Buntstift und Lineal anlegen
- mit dem Füller schreiben
- sauberes, heiles und glattes Blatt ohne Eselsohren

Kopiervorlage
So sollte es nicht aussehen

Wasser
Der Erdboden besteht aus verschiedenen Schichten:
aus Erde, Sand Kies und Lehm. Regenwasser sickert
durch die Erdschicht, die Sandschicht und die Kies-
schicht. Diese Schichten sind wasserdurchlässig.
Über der wasserundurchlässigen Lehmschicht staut
sich das Wasser. Dieses Wasser nennt man
Grundwasser. Bevor das Wasser aus unserer
Wasserleitung kommt, wird es im Wasserwerk*
gereinigt. * von Schmutz
Die meisten Wasserwerke nutzen das
Grundwasser, da es beim Durchlaufen
verschiedener Schichten Erdschichten
bereits gefiltert wurde.
Aus tiefen Brunnen wird es nach oben gepumpt.
Wo nicht genung Grundwasser zur Verfügung
steht, wird Oberflächenwasser verwendet.
Das ist Wasser das aus Talsperren, Seen
oder Flüssen entnomen und durch Rohre in
das Wasserwerk geleitet wird.

Kopiervorlage Negativbeispiel einer Heftseitengestaltung Klasse 3/4

Recherchearbeiten in Einzel- oder Partnerarbeit

Schnelle Suche im Wörterbuch (beliebig)
1. Suche im 1. Teil des Wörterbuchs das 4. Wort beim Buchstaben E.
2. Wie heißen die Kopfbuchstaben auf der S. 131?
3. Suche die Wörter, die vor und nach *Kartoffel* stehen.
4. Suche das Wort *Reparatur*, nenne die Seite, die Silbenanzahl und alle angeführten Zusatzwörter (erkläre sie).
5. Suche 4 Verben, die mit dem Buchstaben m beginnen. Schreibe jeweils die Seitenzahl dazu.
6. Suche 3 Adjektive, die mit dem Buchstaben r beginnen. Schreibe die Seitenzahl dazu.
7. Schreibe 5 Nomen in der Einzahl- und in der Mehrzahlform heraus. Suche sie bei dem Buchstaben H und schreibe auch die Seitenzahl dazu.

Schnelles Nachschlagen (beliebiges Buch)
1. In welchem Verlag ist das Buch erschienen?
2. Wie heißt das 3. Kapitel dieses Buchs?
3. Wo ist der Inhalt dieses Buchs in kurzen Worten beschrieben?
4. Wie heißt der Autor/die Autorin?
5. Wie viele Seiten hat das Buch?
6. Wer hat den Umschlag gestaltet?

3.2.1 Verabredungskarten

LEHRERINFORMATION

Verabredungskarten
Eine Verabredungskarte ist ein einfaches Medium für eine kommunikative Schulung der Kinder. Sie ist mit einem nur geringen zeitlichen Aufwand erstellt und in vielen Momenten des Schulalltags nutzbar.

Die Regeln der Nutzung erschließen sich den Kindern sehr schnell. Eine Verabredungskarte besteht aus einer zweispaltigen Tabelle. In der Erwachsenenbildung sind in der linken Spalte Uhrzeiten zu sehen, bei Grundschulkindern ist jedoch nicht davon auszugehen, dass alle die Uhrzeit lesen können. Deshalb lässt sich diese Hürde gut überwinden, indem man mit Symbolen arbeitet, wie zum Beispiel mit Tieren, die den Kindern bekannt sind. Dann ist sie bereits ab Klasse 1 einsetzbar.

Zu jedem Tier soll sich nun jedes Kind aus der Klasse eine Partnerin oder einen Partner suchen, der dann für einen bestimmten – von Ihnen festgelegten – Zeitraum verbindlich feststeht.

Möchte man eine „Beste-Freunde-Wahl" vermeiden, kann man selbstverständlich die Rahmenbedingungen selbst lenken. So können Sie als Lehrkraft beispielsweise festlegen, dass jedes Mädchen mindestens zwei Jungen als Verabredungspartner haben sollte und umgekehrt oder dass niemand einen Partner aus seiner Tischgruppe wählen darf.

Diese Karte wird von den Kindern in der Regel sehr gemocht. Ihre Anwendung bedeutet immer, dass zwei Partner miteinander arbeiten. Sie können sie in den Tandems einsetzen, um
- die Sozialform Partnerarbeit zu trainieren,
- die Hausaufgaben vergleichen zu lassen,
- gemeinsam für Arbeiten zu lernen und sich gegenseitig abzufragen,
- Erlerntes auszutauschen und zu vertiefen und
- die kommunikativen Kompetenzen der Kinder zu stärken.

Jeder Mensch hat eine andere Art, zu kommunizieren. Begegnen die Kinder nicht immer nur ihren besten Freunden, mit denen sie kommunikativ eingespielt sind, werden sie das aktive Zuhören intensivieren und sich immer wieder auf andere Arten der Kommunikation einstellen müssen.

Ein schöner Nebeneffekt dieser Methode ist, dass der Unterricht in Bewegung gerät. Die Kinder müssen aufstehen und ihren Partner suchen, dürfen sich in anderer Umgebung zur gemeinsamen Arbeit niederlassen und können die Klasse aus einer anderen Perspektive sehen, bevor sie an ihren Platz zurückkehren.

Unterrichtssituation/Impulse für die Umsetzung

Möglicher Einstieg:
„Ich habe heute etwas für euch vorbereitet, von dem ich sicher bin, dass es euch gefallen wird. Es ist eine Tabelle, und wie ihr sehen könnt, ist die linke Spalte bereits ausgefüllt mit Tieren, die ihr alle schon kennt.

Jeder von euch soll sich einen Partner zu jedem Tier suchen. Wenn Alina zum Beispiel Lenni als Pferdepartner haben möchte, dann sollte sie ihn ansprechen. Anschließend schreibt sie in ihrer Tabelle den Namen Lenni hinter das Pferd und Lenni schreibt sich Alinas Namen dahinter. Lenni und Alina sind dann als „Pferdepartner" vergeben.

So macht ihr es mit allen fünf Tieren, die ihr auf diesem Zettel seht. Wenn es am Ende nicht genau aufgeht und jemand für irgendein Tier noch keinen Partner gefunden hat, können sich auch noch wenige Dreiergruppen bilden. Ich möchte, dass jedes Mädchen sich mindestens zwei Jungen als Tierpartner sucht und jeder Junge ebenso zwei Mädchen."

Wenn die Partnerwahl abgeschlossen ist:
„Diese Tabelle, die ihr nun ausgefüllt habt, soll in Zukunft unsere Verabredungskarte sein. Das bedeutet, dass ich euch in bestimmten Situationen dazu auffordere, euch z. B. mit eurem ‚Kuhpartner' zu treffen, und ihr dann zu zweit eine bestimmte Aufgabe lösen sollt.

Das kann nun häufiger geschehen, deshalb möchte ich, dass ihr die Karte im Unterricht immer bei euch habt, z. B. in eurer Federmappe.

Wir machen gleich den ersten Versuch: Jeder trifft sich nun bitte mit seinem ‚Pferdepartner' und ihr sucht euch dann gemeinsam einen Platz.

Erzählt eurem Partner, was ihr am Wochenende erlebt habt, und hört anschließend eurem Partner gut zu, wenn er euch von seinen Wochenenderlebnissen berichtet. Danach treffen wir uns im Kreis und ihr berichtet von den Erlebnissen eures Partners.

Jetzt geht es los, ihr habt 10 Minuten Zeit."

Kopiervorlage
Verabredungskarten

Tier	Mein Verabredungspartner heißt:
(Pferd)	
(Schwein)	
(Kuh)	
(Giraffe)	
(Elefant)	

3.3 Sozialform Gruppenarbeit

LEHRERINFORMATION

„Liebe Kinder, diese Aufgabe sollt ihr in Gruppenarbeit lösen." Dieser Satz ist schnell gesprochen. Und erstaunlicherweise haben auch immer einige Gruppen am Ende einer solchen Phase etwas Gelungenes vorzuweisen. Da freuen sich die Lehrer, dass die Kinder so schön in der Gruppe arbeiten können.

Die verbleibenden Gruppen jedoch, die am Ende nichts zu zeigen haben, waren dann häufig nach Meinung der Lehrenden nicht in der Lage, ein Thema inhaltlich zu erschließen. Hier kann es sicher schnell zu Fehleinschätzungen kommen.

Hat eine Gruppenarbeit gut funktioniert, wenn am Ende ein Ergebnis steht?

Ist sie gescheitert, wenn nach abgelaufener Arbeitszeit gar kein fertiges Produkt gezeigt werden kann?

Kann man Gruppenarbeit einfach so? Oder gibt es vielleicht ein paar Tricks, die eine wirkliche fachliche Zusammenarbeit zwischen Kindern erleichtern können?

Warum sollen Kinder überhaupt etwas in der Gruppe produzieren? Es ist doch wesentlich leiser, wenn die Sozialform Einzelarbeit gewählt wird.

Um in einer Gruppe im eigentlichen Sinn gut und produktiv zu arbeiten, braucht es einige soziale Fähigkeiten und Fertigkeiten als Grundvoraussetzung. Erst wenn diese Kompetenzen angebahnt und vertieft worden sind, kann sich m. E. diese Sozialform als gewinnbringend für Ihren Unterricht erweisen und die Kinder in ihrer Selbsttätigkeit stärken.

Welche Faktoren darüber entscheiden, ob eine Gruppenarbeit gelingt oder nicht, können Sie Ihre Schülerinnen und Schüler sehr schnell selbst herausfinden lassen.

Reichen Sie einer Gruppe ein einziges Exemplar eines Arbeitsblatts auf den Tisch, beispielsweise ein Suchrätsel. Die Kinder sollen die Aufgabe lösen und zu einem gemeinsamen Ergebnis kommen. Die Probleme einer nicht homogenen Gruppe werden sich anhand dieser Aufgabe schnell offenbaren.

Sätze wie „Immer willst du der Bestimmer sein", „Mach doch auch mal mit, immer muss ich alles alleine machen", „Ich will das nicht einkreisen, ich will das farbig anmalen" können Sie einsetzen, um die Problematik aufzuzeigen, die sich in Gruppen schnell einstellt.

Hier sollte im Plenum im Anschluss nach Alternativen und Lösungen gesucht werden, die die Kinder selbst entwickeln. Nur wenn die Lösung aus eigenen Ideen und durch eigene Erfahrungen entstehen, werden sie fruchten können.

Sind die Kinder nach mehreren Übungssequenzen mit den Regeln vertraut, lässt sich die Sozialform Gruppenarbeit in zwei Stufen solide aufbauen:

1. Arbeitsteilige Gruppenarbeit
2. Freie Gruppenarbeit

Sind die Kinder dann schließlich mit der neuen Sozialform vertraut, werden sie auch in der Lage sein, Vor- und Nachteile zu erkennen sowie sinnvolle oder sinnlose Einsatzfelder zu unterscheiden.

Diese Vor- und Nachteile können Sie mit Ihrer Klasse im Anschluss herausarbeiten:

Gruppenarbeit ...
- trägt dazu bei, komplexere Aufgaben wirtschaftlicher zu gestalten.
- kann das Selbstbewusstsein stärken, weil man nicht allein ist.
- trägt dazu bei, Expertenwissen zu erlangen und sich mit anderen Experten auszutauschen.
- schafft im besten Fall ein Teamerlebnis und hilft beim Abbau von Konkurrenzsituationen.

Unterrichtssituation | Impulse für die Umsetzung

„Wir haben ja schon oft in Partnerarbeit gearbeitet und das macht ihr schon ganz toll. Was ist denn besonders wichtig, wenn ihr erfolgreich mit eurem Partner arbeiten wollt?"

In der Regel entsteht ein Antwortenkatalog dieser Art:

- Wir hören einander zu.
- Jeder von uns ist gleichberechtigt, darf und soll seine Ideen einbringen.
- Der Partner soll in seinen Wünschen beachtet werden.
- usw.

„Demnächst wollen wir mehr in Gruppen arbeiten. Dann seid ihr nicht mehr zu zweit, sondern zu viert oder zu fünft.

Ich möchte, dass ihr heute an eurem Gruppentisch eine Aufgabe löst. Das müsst ihr ja häufiger tun. Heute aber werde ich euch nur ein einziges Blatt auf jeden Tisch legen. Es ist ein Rätsel. Ihr sollt dieses Rätsel gemeinsam lösen. Nur ein Gruppenergebnis zählt, also etwas, das ihr gemeinsam gemacht habt. Viel Spaß."

Im Anschluss an eine meist lebhafte Arbeitsphase ist es sinnvoll, mit der Klasse gemeinsam zu reflektieren: Wie ist es euch ergangen? Gab es bei einer der Gruppen Probleme?

Es ist wahrscheinlich, dass die folgenden Schwierigkeiten genannt werden. Sie sollten an der Tafel visualisiert werden:

- Die Besten/Schnellsten erledigen das allein.
- Streit kommt auf, wer beginnen darf.
- Einzelne, die nicht mitarbeiten oder das Blatt nicht abgeben, blockieren den Arbeitsprozess.
- Es findet keine demokratische Entscheidung darüber statt, ob eingekreist oder markiert wird, ob ein Blei- oder Buntstift dafür benutzt wird, in welcher Reihenfolge das Blatt herumgegeben wird usw.

Alternativen, die die Schüler nennen, sind meist diese:

- Reihum arbeiten, jeder darf ein Wort einkreisen.
- Jeder darf jedes Wort einkreisen.

„Ihr habt jetzt viele Dinge aufgezählt, die euch das Arbeiten in der Gruppe schwer gemacht und euch damit ein bisschen den Spaß verdorben haben. So soll das nicht sein. Lasst uns gemeinsam nach Möglichkeiten suchen, die uns zu einer erfolgreichen Gruppenarbeit verhelfen, die uns allen Spaß macht."

Aus diesen Erkenntnissen werden Regeln entwickelt, die gemeinsam in der Klasse auf ein Plakat geschrieben und gut sichtbar aufgehängt werden. Das könnte in etwa so aussehen:

Kopiervorlage
Regeln für die Gruppenarbeit

Unsere Regeln für die Gruppenarbeit

1. Wir wollen uns einigen und streiten uns nicht.

Kopiervorlage
Regeln für die Gruppenarbeit

2. Jeder soll mitmachen. Keiner ist **Chef** und niemand ist **Außenseiter**.

3. Wir hören den anderen zu und schreien nicht durcheinander.

Kopiervorlage
Regeln für die Gruppenarbeit

4. Wir teilen unser Material.

5. Unsere Gruppenarbeit ist erfolgreich, wenn wir gemeinsam zu einem Ergebnis kommen, auf das wir alle stolz sind.

Kopiervorlage
Rätsel für die Gruppenarbeit

E	E	L	F	C	I	Ö	A	N	M	I	R	U	N	P	M
N	I	K	E	A	R	I	B	E	E	F	L	I	H	G	D
T	R	I	A	E	I	E	L	L	E	I	P	S	E	E	I
G	R	N	N	N	N	E	M	M	I	G	U	F	E	M	M
E	R	D	U	I	G	S	R	M	R	T	L	A	G	E	H
M	E	E	K	T	U	L	L	U	I	L	E	L	E	I	L
E	T	R	Ö	P	L	E	P	E	E	T	S	F	L	N	N
H	H	U	E	R	T	P	E	T	N	E	S	T	Ö	S	P
R	C	R	T	S	E	C	N	E	S	G	H	E	Ö	A	G
W	I	U	N	L	A	R	N	M	R	C	D	G	B	M	I
J	E	N	E	E	L	L	A	C	E	E	R	S	L	E	N
S	L	L	E	E	N	E	S	R	D	C	E	D	L	N	E
R	I	L	G	E	R	H	E	T	G	N	U	S	Ö	L	L
S	S	L	G	V	E	G	U	E	E	P	S	U	E	F	I
U	N	Ö	S	E	R	E	N	L	E	G	E	R	V	D	E
E	H	Ö	E	T	E	H	H	R	E	E	H	P	P	S	T

Wortliste

SUPER	BESTIMMER	ALLE
GEMEINSAM	LÖSUNG	GRUPPE
LEICHTER	HILFE	GERECHT
REGELN	TEILEN	KINDER

Kopiervorlage

Rätsel für die Gruppenarbeit (Lösung)

E	E	L	F	C	I	Ö	A	N	M	I	R	U	N	P	M
N	I	K	E	A	R	I	B	E	E	F	L	I	H	G	D
T	R	I	A	E	I	E	L	L	E	I	P	S	E	E	I
G	R	N	N	N	N	E	M	M	I	G	U	F	E	M	M
E	R	D	U	I	G	S	R	M	R	T	L	A	G	E	H
M	E	E	K	T	U	L	L	U	I	L	E	L	E	I	L
E	T	R	Ö	P	L	E	P	E	E	T	S	F	L	N	N
H	H	U	E	R	T	P	E	T	N	E	S	T	Ö	S	P
R	C	R	T	S	E	C	N	E	S	G	H	E	Ö	A	G
W	I	U	N	L	A	R	N	M	R	C	D	G	B	M	I
J	E	N	E	E	L	L	A	C	E	E	R	S	L	E	N
S	L	L	E	E	N	E	S	R	D	C	E	D	L	N	E
R	I	L	G	E	R	H	E	T	G	N	U	S	Ö	L	L
S	S	L	G	V	E	G	U	E	E	P	S	U	E	F	I
U	N	Ö	S	E	R	E	N	L	E	G	E	R	V	D	E
E	H	Ö	E	T	E	H	H	R	E	E	H	P	P	S	T

Wortliste

SUPER BESTIMMER ALLE
GEMEINSAM LÖSUNG GRUPPE
LEICHTER HILFE GERECHT
REGELN TEILEN KINDER

3.3.1 Arbeitsteilige Gruppenarbeit

LEHRERINFORMATION

Eine Gruppenarbeit arbeitsteilig zu führen und zu organisieren bedeutet, dass jedes Kind eine feste Aufgabe innerhalb der Gruppe zugewiesen bekommt.

Das kann zu Beginn der Erarbeitung dieser Sozialform sowohl als Erleichterung als auch als Reduktion von Komplexität verstanden werden. Denn jedes Kind muss sich nur mit inhaltlichen Teilaspekten vertieft auseinandersetzen und kann die Konzentration somit mehr auf das gemeinschaftliche Tun richten.

Auch die anderen Gruppenmitglieder können den einzelnen Mitschüler oder die Mitschülerin in der Teilaufgabe besser unterstützen.

Sie als Lehrkraft können mit einer arbeitsteiligen Gruppenarbeit außerdem andere Dinge beeinflussen. So können mit einer gelenkten Aufgabenverteilung bestimmte Stärken ausgebaut oder Problembereiche Einzelner gestärkt werden: durch wiederholte Übung und durch die Hilfestellungen seitens der Gruppenmitglieder.

Sie haben die Möglichkeit genau zu bestimmen, welches Kind welche Aufgabe übernehmen soll. Der Aufwand ist gering. Sie benötigen lediglich einen Umschlag, in dem sich die mit Namen versehenen Aufgabenzettel befinden.

▶ ▶ ▶ Unterrichtssituation | Impulse für die Umsetzung

Eine mögliche Unterrichtssituation ist mit wenigen Worten gestaltbar:

„Seit einiger Zeit lesen wir nun unser Buch ‚Lippels Traum'. Heute möchte ich, dass wir unser Wissen über dieses Buch ein wenig vertiefen, indem wir uns mit verschiedenen Dingen beschäftigen, die ‚rund um das Buch' eine Bedeutung haben.

Wir wissen z. B., dass Lippel eine sehr lange und aufregende Geschichte träumt und in diesen Träumen große Abenteuer erlebt. Aber was hat es denn eigentlich mit dem Träumen auf sich und was geschieht währenddessen in unseren Köpfen? Lippel reist in seinen Träumen durch das Morgenland. Das habt ihr zwar bereits gehört, aber wo liegt denn das Morgenland?

Diese und andere Fragen sollt ihr heute in eurer Gruppe beantworten. Dafür verteile ich gleich Texte und einen Umschlag, in dem sich verschiedene Zettel befinden. Jeder wird seinen Namen auf der Rückseite eines Zettels finden. Auf der Vorderseite steht dann eine Aufgabe.

Wenn einer von euch also die Aufgabe haben sollte, die gemeinsamen Ergebnisse in der Klasse vorzustellen, heißt das nicht, dass die anderen während eurer Vorbereitung spielen können, sondern dass sie euch nach allen Kräften unterstützen und Tipps geben, damit ihr das Ergebnis als gelungene Arbeit der Gruppe gut vorstellen könnt."

Kopiervorlage
Rollenkarten für die Gruppenarbeit

Vorleser

Ich lese meiner Gruppe den Text langsam und deutlich vor.

(Fragen zum Verständnis klären wir gemeinsam.)

Fragenbeantworter

Wir beantworten die Fragen gemeinsam, aber ich schreibe sie deutlich für alle auf.

Vortrager

Das, was wir gemeinsam geschafft haben, werde ich in der Klasse vortragen. Ich lese mir die Antworten noch einmal in Ruhe durch und sehe nach, ob ich alles lesen kann.

Kopiervorlage
Rollenkarten für die Gruppenarbeit

Überprüfer

Ich sehe noch einmal nach, ob unsere Ergebnisse stimmen. Die anderen helfen mir dabei. Am besten vergleichen wir den Text mit unseren Antworten.

Information für den Vortrag

1. Ich erzähle der Klasse, mit welchem Thema wir uns beschäftigt haben.
2. Ich lese die Antworten nicht vor, sondern spreche mit eigenen Worten. Das üben wir gemeinsam in unserer Gruppe.
3. Ich stehe beim Vortragen vor der Klasse und sehe sie an.
   Meine Mitschüler dürfen mir Fragen stellen.

3.3.2 Freie Gruppenarbeit

LEHRERINFORMATION

In einer freien Gruppenarbeit sollen die Kinder den Gruppenprozess selbst in Gang bringen, ihn aufrechterhalten und gemeinsam eine Aufgabe bewältigen.

Im Vorfeld sollten die oben aufgeführten Regeln und Kriterien in der Klasse gemeinsam erarbeitet und gefestigt sein, sodass ein „guter Gruppengeist" gewährleistet ist – unabhängig von inhaltlichen und fachlichen Fähigkeiten.

Es empfiehlt sich zu Beginn von freien Gruppenarbeitsphasen, die Inhalte unkompliziert, klar und in reduzierter Fülle zu wählen, damit die Schülerinnen und Schüler ihr Augenmerk besonders auf den Arbeitsprozess in der Gruppe lenken können.

So eignen sich sicherlich die unterschiedlichsten Themen und Inhalte für freie Gruppenarbeiten, wie z. B.

- das Überarbeiten von Texten,
- das Erstellen von Plakaten,
- die Vorbereitung von Kurzvorträgen oder
- die Vorstellung von Experimentierergebnissen.

Die Arbeitsschritte, die zur inhaltlichen Lösung einer Aufgabe führen, können sehr unterschiedlich sein. Aus diesem Grund wird hier auf die Vorstellung einer konkreten Unterrichtssituation verzichtet.

Der Schwerpunkt kann auf unterschiedliche Fähigkeiten gelegt werden, die in eine Gruppenarbeit einfließen sollen, wie die gezielte Recherche von Informationen, das Markieren von Schlüsselwörtern, das Abschreiben von Texten und dergleichen mehr.

Förderung von Gruppenprozessen

Es gibt unterschiedliche Übungen und Spiele, die dazu beitragen können, das Gefühl für die Arbeit in der Gruppe und den Spaß am gemeinsamen Tun zu fördern. Dabei wird in der Trainingsphase der Schwerpunkt nicht auf Inhaltliches gelegt, sondern einzig auf den Gruppenprozess.

Im Mittelpunkt soll ein positives Gruppenerlebnis stehen, das auch gern mit spielerischen und wetteifernden Komponenten gestaltet werden kann.

Im Internet finden Sie zahlreiche Ideen, die zur Stärkung eines Gruppengefühls beitragen können.

Kopiervorlage
Menschen träumen

Überall auf der Welt träumen die Menschen, wenn sie schlafen. Das ist bei uns so und auch in England, in Amerika – eben überall. Und wenn dir jemand sagt, er hätte heute Nacht gar nichts geträumt, dann ist das auf jeden Fall falsch!

Denn Forscher haben festgestellt, dass man jede Nacht träumt. Wir können uns nur am nächsten Tag oft nicht mehr daran erinnern, ob oder was wir geträumt haben.

Jetzt könnte man denken, dass unser ganzer Körper ruht, wenn wir schlafen. Das stimmt aber nicht, denn unser Gehirn arbeitet die ganze Nacht durch. Durch Träume werden dann alle Eindrücke, die wir am Tag gesammelt haben, in der Nacht verarbeitet und wieder neu zusammengesetzt.

Deshalb kommen dabei manchmal so verrückte Sachen heraus, wie dass ein Palast an uns vorbeifliegt, während wir mit einem Waschbären gerade in der Eisdiele sitzen und ein Schnitzel essen.

Die Schlafforscher – so nennt man die Wissenschaftler, die die Träume untersuchen – sagen, dass Träumen gesund ist. Das Gehirn räumt aber in der Nacht nicht nur unsere Erlebnisse auf, sondern es merkt sich auch die Vokabeln, die du am Tag gelernt hast.

Es gibt mehrere Arten von Träumen:

1. „Gute" Träume: Sie geben dir das wieder, was du am Tag erlebt hast.
2. Phantastische Träume: Sie führen dich in die ungewöhnlichsten Traumlandschaften.
3. Alpträume: Sie rufen Angst hervor und kommen oft bei Kindern vor.

Kopiervorlage
Tiere träumen

Stell dir vor: Auch Katzen und Hunde tun es: Sie träumen! Forscher haben festgestellt, dass Tiere auch einen Teil ihrer Schlafzeit so verbringen wie wir Menschen. Diesen Abschnitt des Schlafs nennt man „REM"-Zeit und da träumen wir Menschen am meisten.

Aber was träumt die Katze? Von der Jagd auf eine Maus? Wir wissen es nicht, denn die Tiere können uns ja nicht von ihren Träumen berichten. Sicher ist aber, dass es Tiere gibt, wie die Delfine oder auch die Enten, die nur mit einer Seite des Gehirns schlafen. Die andere Seite ist wach. Bei diesen Tieren ist es wohl sicher, dass sie so nicht träumen können.

Kopiervorlage
Das Morgenland

„Morgenland" ist ein ganz alter Name für ein großes Gebiet, das heute „Orient" oder „Naher Osten" genannt wird. Dazu gehören mehrere Länder.

Von uns aus gesehen lag das Morgenland ganz weit im Osten, und dort geht ja die Sonne auf. Eine ganz wichtige Bedeutung hatte das „Zweistromland", das ein Teil des Morgenlandes war. Es bekam seinen Namen von zwei großen Strömen, also Flüssen. Die heißen Euphrat und Tigris. Durch diese Flüsse und viel schönes Wetter war dieses Land sehr fruchtbar.

Die Gegend, in der alles besonders gut wachsen konnte, nannte man „fruchtbarer Halbmond". Auf der Landkarte kannst du sehen, warum dieser Name gewählt wurde.

Schon vor dreizehntausend Jahren haben die Menschen sich hier feste Wohnsitze gesucht und erste Häuser gebaut. Hier ist zu dieser Zeit das erste Mal Landwirtschaft und Viehzucht betrieben worden. Das war sehr modern und das gab es noch an keinem anderen Platz der Welt!

Und wo viele Menschen zusammenkommen, können sie ihre Ideen auch zusammentun. Hier ist auf diese Weise auch eine erste richtige Sprache entstanden, und die Menschen haben sich auch eine erste Schrift ausgedacht.

Durch diese Dinge wurden die Menschen reich. Alle sprachen vom „zauberhaften Morgenland". Wahrscheinlich, weil es dort so sonnig war und die reichen Menschen große Paläste besaßen, die mit viel Gold geschmückt waren. Das hat die restliche Welt zum Staunen gebracht.

Kopiervorlage
Fragen zu den Sachtexten

Menschen und Tiere träumen

Beantworte die Fragen zu den beiden Texten.

1. Wie viele Arten von Träumen gibt es?
   _____

2. Beschreibe diese Arten von Träumen.
   _____

3. Warum sind Träume gut für uns, auch wenn sie vielleicht nicht immer schön sind?
   _____
   _____

4. Welches Organ hat zu tun, wenn wir träumen?
   _____

Morgenland

Beantworte die Fragen zum Text.

1. Welche Gebiete sind mit der Bezeichnung „Morgenland" gemeint. Schaue im Internet unter www.blinde-kuh.de oder www.fragfinn.de nach.
   _____

2. Erkläre, woher das Zweistromland seinen Namen hat.
   _____

3. Erkläre den Begriff „Fruchtbarer Halbmond".
   _____

4. Was war im Morgenland so besonders modern?
   _____
   _____
   _____

Kopiervorlage
Fragekarten

Versucht, den Unterschied zwischen „Orient" und „Okzident" zu klären.

Was hat die Person Sindbad mit dem Orient zu tun?

Kennst du die „Märchen aus 1001 Nacht"?
Worum geht es dort?

Träume sollen bestimmte Bedeutungen haben.
Lies etwas über Traumforschung.

Beschreibe deinen verrücktesten Traum. Kannst du dir erklären, durch welche Erlebnisse er zustande kam?

Woher kommt der Begriff „Albtraum"?

3.3.3 Reflexion von Gruppenarbeiten

LEHRERINFORMATION

Ebenso wichtig wie das Durchspielen von Gruppenprozessen ist m. E. die Reflexion im Anschluss. Nur so können Schülerinnen und Schüler den Sinn und Nutzen von Gruppenarbeiten erkennen.

Sie lernen zu unterscheiden, für welche Aufgaben eine Arbeit im Verband sinnvoll ist und an welcher Stelle womöglich eher eine Einzelarbeit angebracht ist.

Auf den folgenden Seiten finden Sie einen Reflexionsbogen sowie die meistgenannten Antworten von Schülerinnen und Schülern.

Kopiervorlage
Meine Meinung ist gefragt

1. Ich finde Gruppenarbeit gut, weil …

_____
_____
_____
_____
_____

2. Möchte ich häufiger in der Gruppe arbeiten?

_____
_____
_____
_____
_____

3. Ich finde Einzel- und/oder Partnerarbeit gut, weil …

_____
_____
_____
_____
_____

4. Möchte ich häufiger allein oder mit einem Partner arbeiten?

_____
_____
_____
_____
_____

Kopiervorlage
Meine Meinung ist gefragt (Mögliche Antworten)

1. Ich finde Gruppenarbeit gut, weil
   - wir in der Gruppe mehr Ideen zusammenbekommen.
   - ich mich mit anderen über die Aufgaben austauschen kann.
   - wir während der Arbeit sprechen dürfen.
   - ich auch mal mit Kindern zusammenkomme, zu denen ich sonst nicht so viel Kontakt habe.
   - ich Hilfe bekommen kann, wenn ich etwas nicht verstehe.
   - ich auch anderen mit meinem Wissen helfen kann.
   - es mit mehreren leichter ist, die Lösung zu finden.
   - ich hinterher immer schlauer bin als vorher.
   - ich oft viel mehr erfahre, weil viele Kinder mehr wissen als ich allein.

2. Möchte ich häufiger in der Gruppe arbeiten?
   - Ich möchte nicht immer in der Gruppe arbeiten, weil es oft recht laut ist.
   - Manchmal habe ich das Gefühl, dass ich mich allein besser konzentrieren kann.
   - Die Arbeit dauert oft lang, aber ich habe das Gefühl, dass ich viel lernen kann.

3. Ich finde Einzel- und/oder Partnerarbeit gut, weil
   - ich dann feststellen kann, wo ich noch Lücken habe.
   - es ruhiger in der Klasse ist.
   - ich mich nicht nach anderen richten muss.
   - ich mich ärgere, wenn andere sich nicht an die Regeln halten (Bestimmer, Außenseiter usw.).
   - mir eine Gruppe nicht unbedingt mehr weiterhelfen kann als mein Partner.

4. Möchte ich häufiger allein oder mit einem Partner arbeiten?
   - Ich finde, die richtige Mischung macht's.

Struktur – Kommunikation – Meinungsbildung

4.1 Tischsetmethode

LEHRERINFORMATION

Tischsetmethode
Diese Methode ist für Sie mit sehr geringem Vorbereitungsaufwand verbunden, aber trotzdem vielseitig einsetzbar.

Benötigt wird lediglich ein Blatt Papier, am besten im DIN-A3-Format. Dieses wird in fünf Schreibfelder eingeteilt, von denen sich eines mittig im Blatt befindet.

Der Ablauf wird wie folgt gestaltet: Vier Kinder sitzen so am Tisch, dass vor jeder Person ein Schreibfeld liegt. Nun sollen die Kinder zu einer Leitfrage Stellung nehmen und jeder maximal drei bis vier Aspekte notieren, die ihnen besonders wichtig erscheinen. Das Mittelfeld bleibt vorerst frei.

Ist diese erste Schreibphase nach wenigen Minuten beendet, geht die Gruppe in die zweite Phase und trägt die Ergebnisse zusammen. Die Kinder müssen sich auf drei bis vier Punkte einigen, die dann in der Mitte notiert werden und das Gruppenergebnis darstellen.

Das Schöne an dieser Methode ist, dass jedes Kind seinen Anteil leistet, niemand kann sich der Unterrichtssituation entziehen. Ich vergebe immer noch zusätzliche Aufgaben, die die Kinder gern annehmen.

So sollte es in jeder Gruppe einen Zeitnehmer geben, der nach fünf Minuten das Ende der ersten Schreibphase verkündet. Außerdem wird ein Vorleser benötigt, der die Ergebnisse für die Gruppe zusammenträgt, sowie ein Vorsteller, der am Ende das gemeinsame Ergebnis in der Klasse präsentiert.

Was wird bei dieser Methode gelernt?
- Jeder muss seine Gedanken zentrieren und überlegen, welche Bedeutung die Leitfrage für ihn persönlich hat.
- Prioritäten müssen gesetzt werden – was ist wichtig, was nicht?
- Jeder muss mit ganzer Konzentration dabei sein und einen Beitrag leisten.

Diese Methode hat einen sehr hohen kommunikativen Nutzen. Gedanken müssen in Worte gefasst werden und „kämpfen" um den Mittelplatz, in dem die wichtigsten Aspekte im Anschluss gesammelt werden. Das führt häufig zu sehr fruchtbaren Diskussionen unter den Kindern.

Eingesetzt werden kann diese Methode an den unterschiedlichsten Stellen im Unterricht: Sie eignet sich dazu, das Vorwissen zu bestimmten Themen zu aktivieren, kann zu einführenden sowie wiederholenden Zwecken eingesetzt werden, dient der Findung von Leitfragen und stellt ein sinnvolles Argumentationstraining dar.

Unterrichtssituation | Impulse für die Umsetzung

„Liebe Kinder, eure Meinung ist jetzt gefragt! Dafür teile ich an euch ein größeres Plakat aus, das ihr jeweils mit vier Kindern bearbeiten sollt. Ihr seht, dass es ein freies Schreibfeld an jedem Rand gibt und eines in der Mitte. Das soll erst einmal frei bleiben und ihr setzt euch jeweils an eines der Randfelder. Nun geht es gleich los.

Bevor wir starten, sollt ihr noch verschiedene Aufgaben in der Gruppe verteilen:

Wir brauchen einen *Zeitnehmer*, der darauf achtet, dass die erste Schreibaufgabe nach fünf Minuten beendet ist.

Danach soll ein *Vorleser* die erarbeiteten Punkte vorstellen. Dann folgt erst wieder eine Gruppenaufgabe.

Unter allen Gedanken, die ihr zusammengetragen habt, sollt ihr euch für die drei entscheiden, die ihr alle zusammen in eurer Gruppe am wichtigsten findet.

Das wird vielleicht gar nicht so leicht sein. Versucht immer, gute Gründe dafür zu finden, warum ihr gerade euren Gedanken so wichtig findet. Die drei, auf die ihr euch einigt, kommen dann in das mittlere Schreibfeld und sollen anschließend von dem *Vortragenden* der Klasse vorgestellt werden."

Aufgabenbeispiele

Assoziative Aufgaben:
- Einführung einer Ganzschrift, z. B. „Fliegender Stern"
- Die Kennzeichen der Indianer

Vorwissen aktivieren:
- Start des neuen Themas „Fledermäuse" im Sachunterricht „Fledermäuse": Was gibt es Wichtiges über Fledermäuse zu erfahren?

Argumentative Aufgaben:
- Die Koch-AG findet in der Schule nicht mehr statt. Welche Gründe gibt es, sie wieder neu zu beleben?

Kopiervorlage
Tischset für 4 Personen

4.2 Graffitimethode

LEHRERINFORMATION

Die Graffiti-Methode ist eher als eine Arbeitstechnik zu verstehen, die dafür geeignet ist, ein Großgruppenbrainstorming durchzuführen, ohne dass es in Chaos ausartet. In kurzer Zeit und geordnetem Rahmen lassen sich hier viele Ideen zu unterschiedlichen Schwerpunkten sammeln.

Die Platzierung dieser wenig aufwändigen Methode ist an vielen Stellen des Unterrichts denkbar. Über diese Arbeit lassen sich zu Beginn von Unterrichtseinheiten sowohl das Vorwissen der Kinder aktivieren als auch in thematischen Abschlussphasen Inhalte wiederholen und festigen.

Somit kann die Graffiti-Methode vom Einsteiger bis zum Prüfungsvorbereiter viele Funktionen erfüllen.

Ablauf:
Teilen Sie die Kinder in drei- bis vierköpfige Gruppen ein. Die Graffiti-Methode funktioniert im Rotationsverfahren. Sie haben auf verschiedenen Tischen Plakate und Stifte verteilt. Auf jedem Plakat steht eine Frage zu dem Thema, mit dem Sie sich beschäftigen.

Zu dieser Frage soll die Gruppe – allerdings jeder für sich und ohne miteinander zu sprechen – nun Ideen sammeln. Folgende Dinge können notiert werden und somit auch jedes Kind zum Schreiben motivieren.

Man kann
- eine passende Antwort zur Frage schreiben,
- eine Gegenfrage stellen, wenn man die Frage nicht versteht, oder
- eine Zusatzfrage notieren, die die Ausgangsfrage ergänzt.

Kurzum, es darf alles notiert werden, was man zum Thema schon weiß oder gern wissen möchte. Auch mit dieser Methode arbeiten die Kinder sehr selbstständig, und Sie als Lehrkraft haben vorerst lediglich die Funktion des Zeitwächters. Alle Kinder verweilen mit ihrer Gruppe eine bestimmte Zeit am Tisch und schreiben ihre Ideen auf ihr Plakat. Dabei liest sich niemand die Kommentare der anderen durch, sondern schreibt spontan, was ihm einfällt. Nach der Aufforderung zum Wechsel geht jede Gruppe geschlossen zum nächsten Tisch und schreibt dort zur nächsten Frage etwas auf. Die Gruppen rotieren so oft, bis sie wieder an ihrem ursprünglichen Tisch eintreffen. Dort lesen sie in der Gruppe die gesammelten Notizen vor, sortieren Mehrfachnennungen aus, versuchen die unterschiedlichen Beiträge nach Schwerpunkten zu gruppieren (z. B. als Mind Map) und stellen sie schließlich in der Klasse vor (z. B. auf einem neu erstellten Poster).

Im Anschluss empfiehlt sich eine Reflexion der Gruppenarbeit. Hier können Fragen diskutiert werden wie:
- Wie würdest du deine Mitarbeit in der Gruppe bewerten? Aus welchem Grund?
- Würdest du dich das nächste Mal eventuell anders verhalten?
- Was hat dir bei der Gruppenarbeit am besten gefallen?

Welche Fragestellungen eignen sich zur Durchführung der Graffiti-Methode?

Anregungen zum Thema „Kindheit früher und heute"
- Haben Kinder vor 50 Jahren schon Taschengeld bekommen? Begründe deine Antwort.
- Wie haben Kinder wohl vor 50 Jahren auf einem Bauernhof gelebt?
- Wie viel Freizeit haben Kinder, die auf dem Land lebten, vor 50 Jahren gehabt?
- Wurden Kinder vor 50 Jahren von ihren Eltern in die Schule, in den Sportverein und zu Freunden gefahren?

Weitere geeignete Themenschwerpunkte
- Energiesparen
- Sexualkunde
- Leben in anderen Kulturen
- usw.

▶ ▶ ▶ **Unterrichtssituation | Impulse für die Umsetzung**

„Heute möchte ich eine große Gedankensammlung mit euch machen. Es interessiert mich sehr, was ihr zu bestimmten Fragen denkt, und weil ich all eure Ideen dazu gern wissen möchte und sie nicht alle aufschreiben kann, werdet ihr das selbst tun. Auf den Tischen liegen Plakate. Auf jedem Plakat ist eine Frage zu unserem neuen Thema ‚Kindheit früher und heute' notiert.

Nachdem ich euch in Gruppen eingeteilt habe, werdet ihr an jedem Plakat für eine bestimmte Zeit verweilen und eure Gedanken aufschreiben. Ich gebe euch Bescheid, wenn ihr mit eurer ganzen Gruppe wechseln sollt.

Das wiederholt ihr so oft, bis ihr wieder an eurem ersten Tisch angekommen seid. Ihr lest alle Gedanken in der Gruppe vor und versucht sie zu ordnen und später für uns zusammenzufassen."

Für diese Methode benötigen Sie lediglich Plakate oder Flipchart-Papier und dicke Eddingstifte.

Kopiervorlage
Graffitimethode

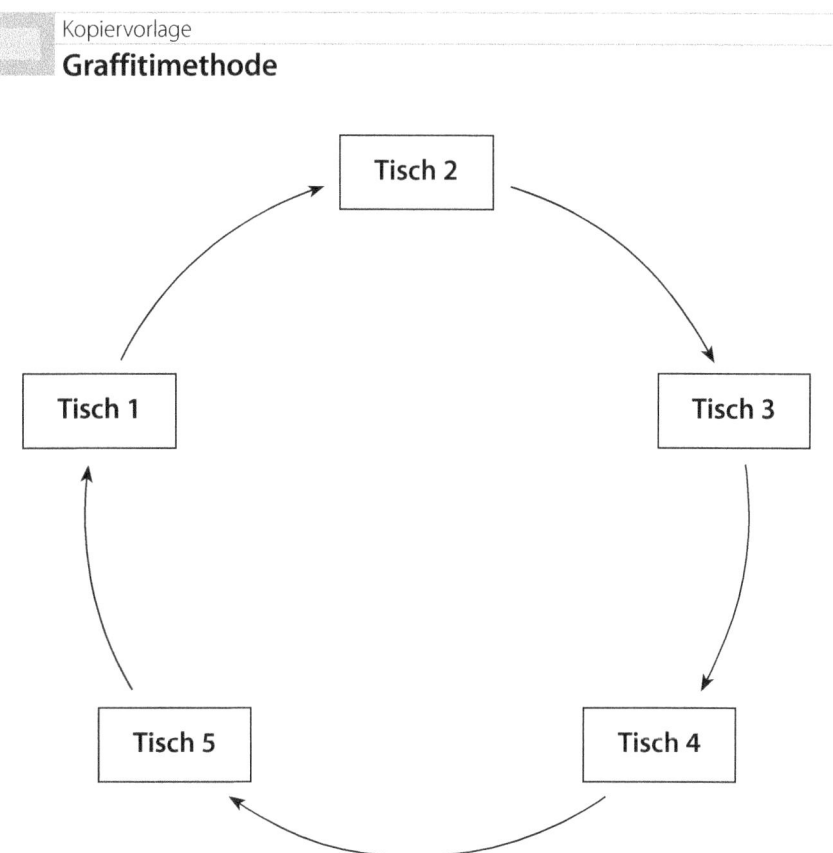

Ablauf:

Gruppe 1 startet an Tisch 1, Gruppe 2 an Tisch 2 usw. Jede Gruppe verweilt eine kurze Zeit und beantwortet im Rotationsverfahren die Fragen auf den Plakaten, bis sie wieder am Ursprungstisch ankommt. Dann werden die Ergebnisse zusammengefasst, ausgewertet und im Plenum vorgestellt.

4.3 Strukturlegetechnik

LEHRERINFORMATION

Die Strukturlegetechnik erfüllt in der Grundschule gleich mehrere Funktionen. Mit ihr können mehrere Ziele auf einmal erreicht werden:
- Sie kann das Wissen oder Vorwissen der Schülerinnen und Schüler zu inhaltlichen Fragen sichtbar machen.
- Mit ihrer Hilfe lässt sich der eigene Wissensstand reflektieren, beispielsweise bei der Vorbereitung von Klassenarbeiten.
- Sie eignet sich hervorragend dafür, strukturierte inhaltliche Aufbauten zu üben und zu arrangieren.
- Das Präsentieren von Ergebnissen wird durch Visualisierung erleichtert.

Die Vorbereitung für diese Methode besteht lediglich in der Anfertigung von Begriffskärtchen, die mittels einer einfachen Tabelle erstellt werden können und von den Kindern im Anschluss sogar am liebsten selbst ausgeschnitten werden. Sie können in einem Briefumschlag verwahrt häufig eingesetzt werden. Die Voraussetzungen für dieses Verfahren schaffen Sie, indem Sie einen Bogen Begriffskärtchen vorbereiten und nach einem beliebigen Prinzip Dreier- oder Vierergruppen bilden. Natürlich ist die Sozialform Partnerarbeit ebenfalls möglich.

Die Strukturlegetechnik beginnt mit einer Sortieraufgabe. Die Kinder trennen die Begriffe, die sie kennen und zu denen sie Assoziationen haben, von denen, die ihnen unbekannt sind. Die unbekannten Begriffe müssen nun im Anschluss recherchiert werden, nach den Methoden, die Sie mit Ihrer Klasse geübt und gefestigt haben. Hier kommen sicher die Suche in Themenbücherkisten, Frageunden und das Bedienen von Suchmaschinen im Internet infrage. Es hängt von Ihnen ab, ob Sie den Schritt der Recherche gehen möchten oder nicht, da er bei sehr heterogenen Lerngruppen äußerst zeitintensiv sein kann.

Erst im Anschluss beginnt die Strukturlegung.

Hierbei handelt es sich meist um einen sehr kommunikativen Akt; die Kinder tauschen ihr Wissen aus, argumentieren für bestimmte Kartenkombinationen und vertiefen und vernetzen ihr Wissen sehr intensiv.

Wichtig dabei ist, mit den Kindern im Vorfeld festzustellen, dass es bei dieser Methode selten ein „Richtig" und ein „Falsch" gibt, es sei denn, es handelt sich um inhaltliche Fehler. Die Anforderung ist jedoch, jeden Begriff der jeweiligen Strukturlegung mit eigenen Worten erklären zu können bzw. die Begriffe miteinander in eine Beziehung zu setzen und die getroffene Entscheidung mit den eigenen Assoziationen zu begründen.

Beim Legen der Begriffskärtchen werden unterschiedliche Anordnungen entstehen, gewissenmaßen „Begriffsnetze". Mit dieser Technik können die Schülerinnen und Schüler „vernetztes Wissen" sichtbar machen.

Unterrichtssituation | Impulse für die Umsetzung

„Wir haben uns in den letzten Wochen mit dem Thema ‚Zeit' beschäftigt. Darüber habt ihr einiges herausgefunden. Zum Abschluss (oder zum Üben für den Test) sollt ihr selbst noch einmal schauen, ob ihr alle gelernten Neuigkeiten erinnern könnt. Dafür habe ich heute einen Papierbogen mitgebracht, der in kleine Kärtchen aufgeteilt ist. Eure erste Aufgabe ist es, diese Kärtchen sorgfältig auszuschneiden, damit wir mit ihnen arbeiten können."

Wenn die Vorbereitungen abgeschlossen sind
„Ihr sollt nun mit eurem Partner jeden Begriff lesen und ihn euch gegenseitig erklären können.

Wenn euch gar nichts zu einem Wort einfällt, sucht ihr – so wie wir es immer tun – im Internet, in unserer Bücherkiste (o. Ä.) nach dem Begriff. Solltet ihr euch das Wort dann noch immer nicht erklären können, treffen wir uns in … Minuten zu einer Fragerunde."

Strukturlegetechnik

Wenn alle Begriffe geklärt sind

„Eure Aufgabe ist es, all diese Begriffe, die ihr vor euch liegen habt, in einen sinnvollen Zusammenhang zu stellen. Das bedeutet: Jedes Wort, das neben, über oder unter einem anderen liegt, muss in Bezug dazu erklärbar sein.

Es gibt hier keine falschen Lösungen, wenn ihr erklären könnt, aus welchem Grund ihr z. B. das Wort *Schaltjahr* in die Nähe des Wortes *Geburtstag* gelegt habt.

Aussehen können eure Strukturbilder ganz unterschiedlich: Manche legen die Begriffe in Tabellenform, andere legen eine lange Wortkette, bei wieder anderen kommen ‚Begriffsbäume‘ wie bei einer Mind Map heraus. Lasst euch hier also nicht davon leiten, wie eure Nachbarn ihre Karten anordnen.

Nach der Strukturlegung könnt ihr der Klasse/eurer Tischgruppe euer Strukturbild erklären."

Kopiervorlage
Karten für die Strukturlegetechnik (Thema: Zeit)

Geburtstag	Schaltjahr	Winter	Monate
Kalender	Wochen	Volle Stunden	30 Tage
Uhr	Datum	Lebenszeit	Vom Baby zur Oma
vorgestern	Sommer	Tage	Frühling
Winter	31 Tage	Februar	übermorgen

Kopiervorlage
Karten für die Strukturlegetechnik (Thema: Kurzvorträge)

Sicherheit	Austausch	Unterstreichen	Lesen
Übung	Spickzettel	Selbstvertrauen	Erscheinungsbild
Partner	Zuverlässigkeit	Gruppe	Stimmtraining
vertiefte Auseinandersetzung	Fachwissen	Publikum	Erfolg
Applaus	Thema erfasst	Ordnung	Stolz

4.4 Punkteabfrage

LEHRERINFORMATION

Die Strukturlegetechnik erfüllt in der Grundschule verschiedene Funktionen. Mit ihr können mehrere Ziele auf einmal erreicht werden:
- Sie kann das Wissen oder Vorwissen der Schülerinnen und Schüler zu inhaltlichen Fragen sichtbar machen.
- Mit ihrer Hilfe lässt sich der eigene Wissensstand reflektieren, beispielsweise bei der Vorbereitung von Klassenarbeiten.
- Sie eignet sich hervorragend dafür, strukturierte inhaltliche Aufbauten zu üben und zu arrangieren.
- Das Präsentieren von Ergebnissen wird durch Visualisierung erleichtert.

Eine Punkteabfrage ist eine wundervolle Methode, die zu ganz unterschiedlichen Zwecken eingesetzt werden kann.

Beziehen Sie die Schülerinnen und Schüler in eine Themenfindung ein und es stehen mehrere attraktive Themen im Raum, die eine Entscheidung schwer machen, eignet sie sich sehr gut für das Erstellen einer Rangfolge oder Prioritätenliste.

Gleichzeitig kann sie dazu dienen, Ihnen einen Überblick über das Vorwissen der Kinder zu geben, wie Sie im Materialbeispiel (s. S. 78) sehen können.

Besonders sinnreich finde ich diese Methode, um Meinungsbilder der Kinder anonym zu erfassen. Besonders bei Themen, die die Kinder in ihrer Privat- oder Intimsphäre ansprechen, gilt es, ihnen die Möglichkeit zu geben, unerkannt vor den anderen bleiben zu können.

Dieser Sinn erschließt sich sofort bei einem Thema wie „Meine Familie", das für Einzelne eventuell auch mit unangenehmen Erlebnissen verbunden ist, oder auch wie im angeführten Materialbeispiel bei dem Thema „Sexualkunde".

Unterrichtssituation | Impulse für die Umsetzung

„Wir haben uns in der letzten Stunde darauf eingestellt, dass wir uns im Sachunterricht als Nächstes mit dem Thema ‚Sexualkunde' beschäftigen werden.

Dazu habe ich für euch eine Tabelle vorbereitet, in die ich Fragen geschrieben habe. Zu jeder Frage möchte ich wissen, wie gut ihr euch schon informiert fühlt. Hier sind euch unterschiedliche Möglichkeiten zur Antwort gegeben.

"Ich hänge diese Tabelle nun hinter die Tafel, damit jeder die Fragen ganz für sich beantworten kann. Klebt für jede Frage einen Punkt in die vorgegebenen Antwortspalten. Niemand wird euch dabei beobachten können. Wenn alle ihre Punkte geklebt haben, kann ich am Ende gut sehen, zu welchen Themen ein besonders starker Informationsbedarf besteht."

Sexualkunde	Darüber weiß ich gut Bescheid, das ist mir schon erklärt worden.	Ich habe schon mal was davon gehört, aber es hat mich nicht interessiert.	Ich habe schon mal was davon gehört, aber so richtig verstanden habe ich es nicht.	Darüber hat noch niemand mit mir gesprochen, das kenne ich nicht.
Unterschiede zwischen Mann und Frau				
Geschlechtsorgane				
Was passiert beim Erwachsenwerden				
Sex				
Verhütungsmittel				
Schwangerschaft				
Geburt				
Aids				
Monatsblutung				

© Anke van Laak

Kopiervorlage
Sexualkunde

	Darüber weiß ich gut Bescheid, das ist mir schon erklärt worden.	Ich habe schon mal was davon gehört, aber es hat mich nicht interessiert.	Ich habe schon mal was davon gehört, aber so richtig verstanden habe ich es nicht.	Darüber hat noch niemand mit mir gesprochen, das kenne ich nicht.
Unterschiede zwischen Mann und Frau				
Geschlechtsorgane				
Was passiert beim Erwachsenwerden				
Sex				
Verhütungsmittel				
Schwangerschaft				
Geburt				
Aids				
Monatsblutung				

Kopiervorlage Sexualkunde

5 Trainingszeit: Mit unterschiedlichen Methoden zu einem gelungenen Kurzvortrag

LEHRERINFORMATION

Grundschulkinder auf den Weg zu einem gelungenen Kurzvortrag zu führen, ist eine besonders spannende Aufgabe, die ich methodisch sehr kleinschrittig aufbaue und letztlich über die gesamte Primarschulzeit vorbereite.

Jetzt könnte man sich fragen, warum man so junge Menschen bereits Kurzvorträge halten lassen soll. Auf diese Frage gibt es gleich mehrere Antworten.

Um einen Kurzvortrag halten zu können, braucht es einige Kompetenzen, die die Kinder über die Jahre durch vielfältige Übungen erlangen. Der Vortrag als solcher verbindet diese Kompetenzen miteinander und macht den Kindern bewusst, welche komplexen Fähigkeiten sie über die Zeit aufgebaut haben und über welche zahlreichen Mittel sie verfügen, um einen solch umfassenden Prozess selbst organisiert zu gestalten. Das Ergebnis dieser langwierigen Vorarbeit stärkt das Erleben der eigenen Fähigkeiten enorm, und welches Kind zeigt nicht gern, was es kann?

Ich habe eine sehr hohe Eigenmotivation bei der Vorbereitung von kurzen Vorträgen bei den Kindern erlebt. Aus der Sicht der Gesetzgeber und der Pädagogen gibt es ebenfalls gute Gründe, die kommunikativen Kompetenzen so früh wie möglich zu stärken und zu fördern. Seit das Niedersächsische Kerncurriculum die sogenannten Rahmenrichtlinien abgelöst hat, wurde dem Kompetenzbereich „Sprechen und Zuhören" ein sehr viel stärkeres Gewicht zuteil.

Entsprechend den Forderungen des Niedersächsischen Kerncurriculums besteht der Bildungsbeitrag des Deutschunterrichts unter anderem darin, die unterschiedlichen sprachlichen Voraussetzungen der Schülerinnen und Schüler dahingehend zu erweitern, dass sie freudvoll mit Sprache umgehen, sich mündlich verständlich äußern können und somit sprachlich handlungsfähig werden. Ziel ist es, den Unterricht so zu gestalten, dass sachgebundenes, methodisches und soziales Lernen eng miteinander verknüpft sind und Lernformen angeboten werden, die die Schülerinnen und Schüler zu Sprachhandlungen herausfordern und motivieren.

Das zuhörerorientierte Präsentieren von Informationen im Deutschunterricht kann einen Beitrag zu mehr Selbsttätigkeit und Eigenaktivität der Kinder leisten. Gleichzeitig wirkt sich dies positiv auf die Motivation der Schülerinnen und Schüler aus. Das mündliche Präsentieren in Form eines Kurzvortrags ist zum einen eine sprachlich-kommunikative Handlung, die der Wissensvermittlung dient. Zum anderen sind „auf dem Weg" zu einem Kurzvortrag eine Reihe von Kompetenzen gefragt, die eine entscheidende Rolle im Deutschunterricht spielen und nur bei erfolgreicher Ausführung zu dem gewünschten Ergebnis führen können.

5.1 Die Vorarbeit: Das Spickzetteltraining

LEHRERINFORMATION
und
▶ **Unterrichtssituation | Impulse für die Umsetzung**

Ein Spickzettel genießt den Ruf einer „Schummelhilfe". Das trifft bei einem Kurzvortrag nicht zu. Hier ist er der kleine Helfer, der jedem Redner die Aufregung nehmen und ihm geordnet durch den Vortrag helfen kann.

Ein Spickzettel ersetzt keinesfalls die Vorbereitung auf das, was Sie zu sagen haben, im Gegenteil. Ein gut erstellter Spickzettel braucht Vorbereitungszeit und ein Abwägen der Inhalte, die präsentiert werden sollen. Er ist nicht nur eine adäquate Hilfe für Kinder, sondern ebenso für uns Erwachsene, die Inhalte präsentieren oder Reden halten müssen.

Auf ihm stehen knapp zusammengefasst in kurzen Stichworten die Inhalte des Vortrags.

Um einen Spickzettel zu erstellen, bedarf es einiger Voraussetzungen, die Sie schnell erkennen lassen, wie lang der Weg zu einem gelungenen Kurzvortrag, der bereits in der ersten Klasse beginnt, ist.

Die erste Voraussetzung hierfür ist die Fähigkeit des Lesens, fortentwickelt im Sinn entnehmenden Lesen. Sachtexten, deren Informationsgehalt erfasst werden soll, müssen durch Sinn entnehmendes Lesen Informationen entnommen werden können, die als sogenannte Schlüsselwörter markiert werden.

Das ist eine sehr hohe Anforderung für Grundschulkinder, und bei der Markierung von Schlüsselbegriffen sollte neben der inhaltlichen Richtigkeit auf jeden Fall auch das subjektive Empfinden von „Wichtigkeit" berücksichtigt werden, denn die Kinder sind noch nicht immer in der Lage, ganz genau nur die Kernaussagen zu treffen. Der Aufbau dieser Kompetenz empfiehlt sich von sehr anschaulichen und leicht zu markierenden Begriffen bis hin zu abstrakteren und verdichteten Texten (Beispiele bei den folgenden Kopiervorlagen).

Das Schreiben ist ebenfalls eine wichtige Kompetenz, denn nach dem erfolgreichen Lesen eines Textes und dem Auffinden von Schlüsselbegriffen, die es hervorzuheben gilt, müssen die Informationen auch in Kurzform niedergeschrieben werden. Die Schülerinnen und Schüler erstellen einen sogenannten Spickzettel, der die notwendigsten Informationen in Stichworten enthält und die Kinder später durch ihren eigenen Vortrag leitet. Auch hierfür bedarf es vieler Übung, die im Vorfeld oft unterschätzt wird. Ich möchte Ihnen die Schritte vorstellen, die allein für diese Teilaktion wichtig sind:

- Ein Text wird auf wichtige Informationen untersucht, die durch Markierungen als Schlüsselwörter hervorgehoben werden.
- Die Begriffe müssen gekürzt und in der richtigen Abfolge übersichtlich und gut lesbar auf einen Spickzettel geschrieben werden.
- Diese Begriffe sollen im Vortrag wieder zu vollständigen Sätzen zusammengefügt werden.

Im Folgenden habe ich die Grundfertigkeiten zusammengetragen, derer es aus den Bereichen „Lesen" und „Schreiben" als Voraussetzungen für das Halten eines Kurzvortrags bedarf.

Auf den Kopiervorlagen finden Sie Übungsbeispiele zum Thema „Lesen und Texten Informationen entnehmen".

Bewusst habe ich eine Serie von Arbeitsmaterialien gewählt, die die einzelnen Etappen der beschriebenen methodischen Reihe zeigen. In einer solchen Abfolge erwerben die Kinder sukzessive die Fähigkeit, Schlüsselwortmarkierungen vorzunehmen.

Zu den Basisübungen am Anfang gehören sicher die Diskriminierung einzelner Buchstaben und andere visuelle Übungen. Haben die Schülerinnen und Schüler bereits erste grammatische Kenntnisse, eignen sich die folgenden Materialien, um das Herausfiltern einzelner Begriffe aus zusammenhängenden Texten zu üben. Der Schwierigkeitsgrad kann dann mit konkreten Fragen zum Textinhalt erhöht werden. Es sollte sich zuerst um Fragen handeln, die sich direkt aus dem Text heraus beantworten lassen.

Erst später wird der Abstraktionsgrad erhöht. Dann beginnen die Schülerinnen und Schüler, selbst in Texten Schlüsselwörter zu markieren. Um die Schwierigkeit zu erhöhen, können Sie die Anzahl der Begriffe, die markiert werden dürfen, begrenzen – erst großzügiger und mit der Zeit eng gefasster.

Kopiervorlage
Ein kleiner Hund

Ich wünschte, ich wäre ein kleiner Hund. Dann würde ich faul auf dem Sofa liegen und mich von meinen Menschen streicheln lassen. Wenn ich genug habe, klaue ich mir einen Ball und renne damit durch das ganze Haus. Wenn die Kinder von der Schule heimkommen, spielen sie mit mir und werfen einen Ast, den ich holen muss. Wenn ich Hunger habe, stelle ich mich vor den Napf und belle.

1. In diesem Text stecken 10 Namenwörter. Finde sie und male sie blau an.

2. Schreibe sie nun mit ihrem Begleiter auf.

_____
_____
_____
_____

Kopiervorlage
Auf der Suche nach Omas Schlüssel

Ida kann es kaum erwarten, sie wird heute ihre Oma besuchen. Das macht sie oft am Freitag. Dann bummeln die beiden gemütlich durch die Stadt und manchmal darf sie sich in einem Geschäft eine Kleinigkeit aussuchen. Heute wollen sie in die Eisdiele gehen. Die Besitzer verkaufen neue Eissorten und Ida und ihre Oma möchten unbedingt einige probieren.
Am Nachmittag ist es dann so weit. Oma wohnt nur zwei Straßen weiter. Den Weg kennt Ida. Bevor sie klingelt, möchte sie aber noch schnell die kleine Katze von den Nachbarn besuchen. Dann holt sie Oma ab und die beiden gehen gemütlich los. Plötzlich sagt Oma: „Ich kann meinen Schlüssel gar nicht finden. Ich weiß aber genau, dass ich ihn bei mir hatte."
Ida schlägt vor: „Wir durchsuchen noch einmal in Ruhe deine Tasche. Wenn wir ihn dort nicht finden, gehen wir zurück und suchen den ganzen Weg ab. Was wir zuerst tun, das kannst du dir natürlich aussuchen."
Ida findet den Schlüssel auf Omas Gartenweg, als sie gemeinsam eine Hecke absuchen. Dort muss er ihr aus der Tasche gefallen sein. Zur Belohnung darf Ida sich in der Stadt einen Arztkoffer aussuchen, den sie sich schon lange wünscht. Als sie wieder zu Hause eintreffen, sagt Ida: „Komm, Oma. Jetzt muss ich dich erst mal untersuchen, damit ich feststellen kann, ob du den Schreck gut überstanden hast." Und das tut sie dann auch.

1. Markiere die Nomen mit einem blauen Stift.
Markiere die Verben mit einem roten Stift.
Markiere die Adjektive mit einem gelben Stift.

Kopiervorlage
Vampire

Das Wort *Vampir* kommt aus der serbischen Sprache. Viele Menschen glaubten, dass Vampire tote Menschen sind, die aus ihrem Grab steigen und in der Nacht durch die Gegend wandeln. Sie sind also eigentlich „untot" und unsterblich. Am Tag schlafen sie in ihrem Sarg. Sie sollen besondere Kräfte haben und das Blut von Menschen oder Tieren trinken. Außerdem haben sie ganz besondere Zähne, nämlich zwei sehr spitze Eckzähne. Mit ihnen können sie ihre Opfer in den Hals beißen.

In einigen Geschichten werden aber auch Fledermäuse zu Vampiren gemacht. Vielleicht glaubten manche Menschen das deshalb, weil Fledermäuse auch sehr spitze Zähne haben. Außerdem gibt es drei Fledermausarten in Südamerika, die tatsächlich Blut von anderen Tieren trinken.

In Deutschland gab es die ersten Geschichten über Vampire vor über 300 Jahren.

Die Menschen versuchten sich vor Vampiren zu schützen: Wenn sie glaubten, dass sie einen Vampir erkannten, wurde diesem Menschen der Kopf abgeschlagen und ein Holzpfahl ins Herz gestochen. Dann steckte man dem Toten Knoblauch in den Mund, weil man glaubte, dass Vampire ihn nicht vertragen. Viele Menschen trugen ein Kreuz mit sich herum, weil man sich erzählte, dass sich Vampire vor Kreuzen erschrecken. Forscher haben versucht, eine Erklärung für den Glauben an Vampire zu finden. Aber niemand weiß sicher, ob es Vampire wirklich gibt.

1. Beantworte die folgenden Fragen schriftlich in deinem Heft.
   a) Was sind Vampire und was ist das Besondere an ihnen?
   b) Wo schlafen Vampire und wann stehen sie auf?
   c) Wovon ernähren sich Vampire?
   d) Was haben Fledermäuse mit Vampiren zu tun?
   e) Wie wollten sich die Menschen vor Vampiren schützen?
   f) Ist es sicher, dass es Vampire wirklich gibt?

Kopiervorlage
Österreich

Österreich wird das „Land der Berge" genannt. Hier kann man im Sommer gut wandern und im Winter Ski fahren.

Österreich findet ihr im Atlas gleich neben Deutschland. Es ist viel kleiner als Deutschland, hat aber insgesamt acht Nachbarländer.

Die Hauptstadt von Österreich heißt Wien. Wien ist in 23 Stadtteile aufgeteilt. Sie heißen Bezirke. Hier leben einenhalb Millionen Menschen. Mitten durch die Stadt fließt der größte Fluss des Landes: die Donau.

In den Bergen leben viele Tiere, die besonders gut klettern können, zum Beispiel Steinböcke. Auch Murmeltiere kann man dort finden. Sie pfeifen oft laut, um andere Murmeltiere vor Feinden zu warnen.

Auch Fledermäuse leben in Österreich. Wo Berge sind, da findet man viele Höhlen, in denen sie ihre Ruheplätze suchen.

Die Österreicher sprechen eigentlich Deutsch. In manchen Gegenden, die schon nah an einem Nachbarland liegen, sprechen die Menschen manchmal auch Ungarisch, Kroatisch oder Slowenisch.

Es gibt aber auch richtige österreichische Wörter: Zur Begrüßung rufen sich die Menschen „Grüß Gott!" zu und wenn man sich verabschieden möchte, dann sagt man „Servus". Wenn Leute mal müssen, dann gehen sie auf das „Häusl" und wenn ein Kind mal frech ist, dann wird es „Lackl" genannt. Wenn etwas aber richtig toll ist, dann ist es „leiwand" und wenn man etwas noch toller findet, dann ist es sogar „urleiwand".

1. Beantworte die folgenden Fragen schriftlich in deinem Heft.
   a) Wo könnt ihr Österreich im Atlas finden und wie viele Nachbarländer hat es?
   b) Wie heißt die Hauptstadt von Österreich und wie viele Menschen leben dort?
   c) Was für Tiere leben in Österreich?
   d) Welche Sprachen sprechen die Österreicher?

2. Stellt der Klasse einige österreichische Wörter vor und erklärt ihre Bedeutung.

5.2 Freies Sprechen vor einer Gruppe

LEHRERINFORMATION

und
Unterrichtssituation | Impulse für die Umsetzung

Auch dem Kompetenzbereich „Sprechen und Zuhören" kommt eine besondere Bedeutung zu. Sicherlich ist es jedem von Ihnen bereits begegnet, dass Kinder im Grundschulalter immer häufiger in sogenannten Einwortsätzen sprechen, ein kommunikatives Verfahren, das leider häufig Wirkung zeigt.

Wenn die Tischhelfer Blätter bei mir abholen sollen, um sie an ihre Tischgruppen zu verteilen und mir mit dem Wort „Vier." entgegentreten, um die Information zu vermitteln, dass sie vier Blätter benötigen, reagiere ich nach einer einmaligen Erklärung nicht mehr, bis die Kinder in einem vollständigen Satz vortragen, was ihr Anliegen ist.

Das erfordert zwar Geduld, und die Versuchung, die Kinder auch mit Einwortsätzen zu verstehen, ist sicher manchmal gegeben. Es zahlt sich jedoch aus, den Kindern von Beginn ihrer Grundschulzeit an ganze Sätze abzuverlangen, ganz gleich ob es um kleine Dinge geht oder aber um wichtige Diskussionen, beispielsweise im Klassenratsgeschehen, wo Meinungen vertreten und Argumentationsketten aufgebaut werden. Nur so kann ich als Lehrkraft Verfahren anstreben, die der mündlichen Weitergabe von Informationen innerhalb des Klassenplenums dienen sollen.

So beginnt die Arbeitstechnik der Informationsvermittlung bereits in jedem Dialog, sei er privaten oder schulischen Ursprungs. Dieses Verfahren gehört sicher vor allem in den Deutschunterricht, ist aber auch für alle anderen Fächer von elementarer Bedeutung, da wir uns nun einmal mithilfe der Sprache verständigen.

Aber wie lernt man denn, mündliche Informationen an andere weiterzugeben? Hier gibt es einen großen Pool an Übungen und ganz vorn steht sicherlich das Ziel, den Spaß am Erzählen zu stärken.

Dazu gehört die eben aufgeführte Voraussetzung, in ganzen Sätzen zu sprechen, ebenso wie spaßbetonte mündliche Beiträge spielerisch zu fördern.

Schülerinnen und Schüler der Primarstufe lieben es meist, von sich selbst und ihren Erlebnissen zu berichten. Auch Zettel mit einfachen Fragen, die die Meinung der Kinder herausfordern, sind beliebt. Sie finden im Folgenden Materialbeispiele dazu.

Witze werden besonders gern in den höheren Klassenstufen präsentiert. Viele Schülerinnen und Schüler besitzen Witzbücher, und auch im Internet sind zahlreiche Anregungen zu finden. Hier kommt es dann nicht nur auf eine deutliche Aussprache in angemessener Lautstärke an, sondern auch um prosodische Merkmale, die den besonderen Mut der Kinder erfordern.

Schon in den unteren Klassenstufen lassen sich Geschichten im Sitzkreis zaubern, die entstehen, wenn jedes Kind eine Bild- oder Wortkarte zieht. Auf der Wortkarte kann sowohl ein Nomen als auch ein Verb oder ein Adjektiv stehen. Ein Kind beginnt, indem es aus dem Stichwort auf der ersten Karte einen Satz bildet. Das nächste Kind muss sein gezogenes Wort so in einen Satz einbinden, dass ein Bezug auf den vorherigen Satz erkennbar ist. So entsteht nach und nach eine Geschichte. Ist dieses Verfahren eingeübt, können hieraus tolle und lustige Geschichten gesponnen werden. Dabei ist jedes Kind eingebunden, und nicht nur die Erzählkompetenz, sondern auch das aktive Zuhören wird gestärkt.

Alltägliche kleine Übungen, die die Erzählkompetenz fördern und eine Bezugnahme auf einen Gesprächspartner fordern („Wie war dein Wochenende, Carlo?" „Wie geht es dir, Ella?" „Mir geht es gut, weil …" usw.), sollten fester Bestandteil des Unterrichts sein, um ein spaßbetontes und vor allem auch angstfreies Sprechen zu fördern.

Ich fordere die Kinder sehr schnell heraus, vor großen Gruppen zu sprechen, weil ich denke, hiermit eine der wichtigsten Qualifikationen für ihre Zukunft vorzubereiten. Solche Herausforderungen beginnen als „Einer unter vielen" im Sitzkreis, steigern sich in Situationen, in denen ein einzelnes Kind Fragen an die Klasse hat, weil es sich selbst Hilfe organisiert, und könnte in einem selbst organisierten Kurzvortrag gipfeln.

In den folgenden Unterkapiteln habe ich einige Übungen zusammengestellt, die die Erzählkompetenz der Kinder stärken und den Aufbau der Inhalte strukturieren sollen.

5.2.1 Inhalte ordnen: Mein erster Eindruck

Die Übung „Mein erster Eindruck" hilft den Kindern, einen Text unter bestimmten Gesichtspunkten wahrzunehmen. Durch das zielgerichtete Lenken der Aufmerksamkeit auf verschiedene Schwerpunkte wird der Text strukturierter erfasst. Hilfen für den Einstieg in ein Gespräch über den ersten Eindruck können gerade im Primarbereich sehr förderlich sein.

Kopiervorlage
Mein erster Eindruck 1

1. Lies den Text gründlich durch und lege ihn dann zur Seite.
2. Versuche nun, die Tabelle auszufüllen.

Das habe ich behalten:	Das habe ich nicht verstanden:

Das fand ich wichtig:	Das möchte ich dazu noch wissen:

Kopiervorlage
Mein erster Eindruck 2

So kann ich den anderen von meinem ersten Eindruck erzählen:

- Ich habe herausgefunden, …
  _____

- Ich stelle fest, …
  _____

- Im Text steht …
  _____

- Ich habe erfahren, …
  _____

- Bisher habe ich noch nicht gewusst, …
  _____

- Mir ist noch nicht klar, …
  _____

- Ich bin erstaunt, …
  _____

- Ich habe mich gewundert, …
  _____

- Mir ist klar geworden, …
  _____

- Ich hätte nicht gedacht, …
  _____

- Toll fand ich, …
  _____

- Wusstet ihr, dass …
  _____

5.2.2 Zusammenhänge herstellen und Geschichten erfinden

Mit sehr einfachen Mitteln lässt sich die Fantasie der Kinder für das Geschichtenerzählen anregen. Auf kleinen Kärtchen stehen unterschiedlichste Begriffe. Es kann sich hierbei um Nomen handeln, ebenso sind aber auch Karten mit Adjektiven oder Verben denkbar. Der Einsatz dieser Karten kann auf verschiedene Weise erfolgen. Ich gebe anfangs jedem Kind eine Karte in die Hand und beginne selbst, zu meiner eigenen Karte einen Satz zu formulieren, z. B. bei der Karte mit dem Begriff „Fahrrad": „Neulich habe ich einen Ausflug mit meinem Fahrrad gemacht." Nun kann ein anderes Kind mit seiner Begriffskarte einsteigen und die Geschichte weitererzählen. „Weltkarte": „Mein Ziel habe ich mir vorher auf der Weltkarte ausgesucht." Und so weiter.

Denkbar ist es ebenfalls, Karten zu verteilen und nach einer festgelegten Reihenfolge erzählen zu lassen. Die Kinder müssen ihre Begriffe dann sinnvoll in eine Rahmenhandlung einfügen.

5.2.3 Deine Meinung ist gefragt

Die Übung „Deine Meinung ist gefragt" stärkt die Kinder im Begründen ihrer Ansichten und Positionen. Ich gebe meinen Schülerinnen und Schülern diese Karten oft als Hausaufgabe mit, da sie dann mehr Zeit für die Auseinandersetzung damit haben.

Erweitert sind diese Karten später zum Training von Argumentationsketten geeignet, wenn das Plenum bestimmte Ansichten hinterfragt.

5.2.4 Wer bin ich?

Mit einfachen Namenskarten prominenter Personen lässt sich das detailgenaue Erzählen üben. Der Einsatz dieser Karten lohnt sich auch immer zwischendurch und macht den Kindern Spaß. Ein Kind, das eine Karte von mir bekommt, verlässt kurz den Raum und notiert sich Merkmale und Eigenschaften dieser Person oder Figur (z. B. Obelix). Allen anderen in der Klasse ist die Figur noch nicht bekannt. Das Kind tritt nun vor die Gruppe und beschreibt die Figur („Es ist ein Junge, er ist dick, trägt gern gestreifte Hosen ..."), bis die Identität von den anderen Kindern erraten wird.

5.2.5 Präsentation von Witzen

Es gibt sowohl im Internet zahlreiche Quellen als auch Witzbücher, die im Buchhandel erhältlich sind.
 www.gutewitze.com
 www.witze-charts.de

Kopiervorlage
Geschichten erfinden 1

Quark	Weltkarte
Fahrrad	Rose
Ferkel	dunkel
Milch	Bauernhof
fliegen	Schmetterling
Wespe	Hubschrauber

Kopiervorlage
Geschichten erfinden 2

U-Bahn	Zahnbürste
Auto	Dieb
Schlüssel	sonnig
neblig	Eisglätte
Haus	Zeitung
Dackel	Rasierapparat

Kopiervorlage
Deine Meinung ist gefragt

Wenn du den Pausenhof neu gestalten dürftest, wie würde er dann aussehen?

Wenn du entscheiden dürftest, wohin die nächste Klassenfahrt geht, welchen Ort würdest du wählen?

Wenn du ein Musikinstrument erlernen dürftest, für welches würdest du dich entscheiden und warum?

Wenn du ein Haustier aussuchen dürftest, für welches würdest du dich entscheiden und warum?

Kopiervorlage
Wer bin ich?

Sebastian Vettel

Pippi Langstrumpf

Prinzessin

Micky Maus

Rotkäppchen

Die kleine Hexe

Das Vamperl

Ronaldo

Heidi

5.3 Letzte Vorbereitungen – Entwicklung eines Kriterienkatalogs

LEHRERINFORMATION
und
▶ ▶ ▶ **Unterrichtssituation | Impulse für die Umsetzung**

Um die gefühlte Sicherheit und das Selbstvertrauen der Schülerinnen und Schüler in einer Vortragssituation vor der Klassengemeinschaft zu stärken, erarbeite ich mit den Kindern im Vorfeld Kriterien, die sowohl den eigenen Vortrag strukturieren helfen als auch den Vorgang des aktiven Zuhörens erleichtern.

Diese Kriterien beinhalten verbale Elemente der Kommunikation, die zur Verbesserung der Sprachhandlungskompetenz führen sollen, und werden durch nonverbale Elemente erweitert, da die Wirkung eines Vortrags durch nicht sprachliche Elemente erheblich beeinflusst wird.

Diese Kriterien sollten gemeinsam mit den Schülerinnen und Schülern im Unterricht entwickelt werden und im Anschluss als Bewertungsmaßstab für die Zuhörer dienen.

In der Regel sehen diese Kriterien in meinen Klassen so aus wie unten aufgeführt und hängen gut sichtbar im Klassenraum aus. Es empfiehlt sich, eine Zahl von fünf bis sechs Kriterien nicht zu überschreiten, um Überforderungen in ihrer Beachtungsmöglichkeit zu vermeiden.

> ▶ Ich stelle mich mit beiden Füßen fest auf den Boden und sehe alle Zuhörer einmal an.
> ▶ Ich erzähle den Kindern, worum es in meinem Vortrag geht, bevor ich beginne.
> ▶ Ich spreche laut und deutlich, damit mich alle verstehen können.
> ▶ Ich versuche meine Sätze so zu betonen, dass mir andere gern zuhören.
> ▶ Ich beende meinen Vortrag gut erkennbar mit abschließenden Worten.

5.4 Vorbereitung eines Kurzvortrags zum Thema „Hobbys"

LEHRERINFORMATION

und
▶ **Unterrichtssituation | Impulse für die Umsetzung**

Am Ende dieser langen Vorbereitung steht dann ein kriteriengeleiteter Kurzvortrag, der nicht nur den Vortragenden Sicherheit für den weiteren Ausbau von Präsentationsverfahren gibt, sondern auch das aktive Zuhören des Publikums schult, welches im Anschluss an den Vortrag mithilfe der erstellten Kriterien den Vortrag kritisch würdigt.

Die erfolgreiche Anwendung dieser Verfahren zählt in meinen Augen zu den Schlüsselqualifikationen der Kommunikationsgesellschaft und wird bereits im weiteren schulischen und schließlich im späteren beruflichen Bereich von Bedeutung sein.

5.4.1 Trainingsmaterial

Das Thema „Hobbys" eignet sich gut für Kurzvorträge in der Grundschule. Fast jedes Kind hat eine Beschäftigung oder eine Sportart, der es begeistert nachgeht. So zeigen meine Erfahrungen, dass Texte über Pferde und über Fußball die Mehrzahl der Kinder ansprechen. Sind die ersten Vorträge über diese beiden Themen gehalten worden, kann der Leitgedanke vertieft und später auf individualisierte Hobbyvorträge erweitert werden.

Die Kinder haben über einen längeren Zeitraum die nötigen Fertigkeiten trainiert und erarbeiten nun ihren ersten kompletten Vortrag. Teilen Sie an die Hälfte der Kinder Texte zum Thema „Pferde" und an die andere Hälfte Texte zum Thema „Fußball" aus. Jedes Kind bekommt einen Basistext. Für besonders schnelle Leser, die die Inhalte rascher erfassen, stehen Zusatztexte zur Verfügung. Nun wenden die Kinder ihre erworbenen Fähigkeiten an, sie lesen die Texte und markieren Schlüsselwörter, die sie später auf ihrem Spickzettel notieren.

Sie können zu Beginn eine Tippkarte mit möglichen Schlüsselwortmarkierungen hinter die Tafel hängen, um Kinder, die ich unsicher fühlen, zu unterstützen.

Pferde

Viele Kinder und Erwachsene verbringen ihre Freizeit gern mit Pferden. Es gibt Reitpferde, Rennpferde und Pferde, die Kutschen ziehen. Über eine lange Zeit haben die Menschen verschiedene Rassen gezüchtet. Es gibt heute über 150 Pferderassen auf der ganzen Welt.

Nicht alle Pferde erreichen das gleiche Lebensalter. Die meisten Reitpferde werden bis zu 20 Jahre alt. Die kleineren Ponys können sogar doppelt so alt werden.

Pferde können in verschiedenen Geschwindigkeiten laufen. Die drei Grundgangarten heißen Schritt, Trab und Galopp. Diese Gangarten sind jedem Pferd angeboren. Schritt ist die langsamste Gangart. Im Galopp kann aber ein sehr hohes Tempo erreicht werden. Wenn man reiten möchte, dann ist es gut, wenn man eine Beziehung zu dem Pferd aufbaut, eine Art Freundschaft. Pferde haben sehr gute Ohren. Sie mögen es, wenn man viel und freundlich mit ihnen spricht.

Wenn man zu einem Freund sagt „Mit dir kann ich Pferde stehlen", dann meint man, dass man diesem Freund absolut vertrauen kann. Denn früher, als Pferde noch wichtige Arbeitstiere waren, wurde Pferdediebstahl schwer bestraft. Wenn man es aber versuchen wollte, dann brauchte man einen Freund, auf den man sich voll und ganz verlassen konnte.

Kopiervorlage
Zusatztext Pferde

Pferde haben sehr große Augen. Sie sitzen an der Seite des Kopfes. Dadurch können die Tiere rund um sich herum sehen. Nur was direkt hinter ihnen passiert, können sie nicht sehen. Deshalb sollte man nie von hinten an ein Pferd herangehen.

Auch der Tastsinn spielt für Pferde eine große Rolle. Um ihr Maul herum haben sie lange Tasthaare. Man darf sie auf keinen Fall abschneiden, denn mit ihnen erkunden sie ihr Futter.

Der Magen von Pferden ist sehr empfindlich. Bekommen sie falsches Futter oder auch die falsche Menge Futter, können sie schnell und ernsthaft krank werden.

Kopiervorlage

Pferde (Tippkarte für Schlüsselwortmarkierung)

Viele Kinder und Erwachsene verbringen ihre Freizeit gern mit Pferden. Es gibt **Reitpferde, Rennpferde** und Pferde, die Kutschen ziehen. Über eine lange Zeit haben die Menschen verschiedene Rassen **gezüchtet**. Es gibt heute über **150 Pferderassen** auf der ganzen Welt. Nicht alle Pferde erreichen das gleiche Lebensalter. Die meisten Reitpferde werden bis zu **20 Jahre alt**. Die kleineren **Ponys** können sogar **doppelt so alt** werden. Pferde können in **verschiedenen Geschwindigkeiten** laufen. Die drei **Grundgangarten** heißen **Schritt, Trab und Galopp**. Diese Gangarten sind jedem Pferd **angeboren**. Schritt ist die langsamste Gangart. Im Galopp kann aber ein sehr hohes Tempo erreicht werden. **Wenn man reiten möchte,** dann ist es gut, wenn man eine Beziehung zu dem Pferd aufbaut, eine Art **Freundschaft**. Pferde haben sehr gute Ohren. Sie mögen es, wenn man viel und **freundlich mit ihnen spricht**. Wenn man zu einem Freund sagt **„Mit dir kann ich Pferde stehlen"**, dann meint man, dass man diesem Freund absolut **vertrauen** kann. Denn früher, als Pferde noch wichtige Arbeitstiere waren, wurde Pferdediebstahl schwer bestraft. Wenn man es aber versuchen wollte, dann brauchte man einen Freund, auf den man sich voll und ganz verlassen konnte.

Kopiervorlage
Zusatztext Pferde (Tippkarte für Schlüsselwortmarkierung)

Pferde haben sehr **große Augen**. Sie sitzen an der **Seite des Kopfes**. Dadurch können die Tiere rund um sich herum sehen. Nur was direkt hinter ihnen passiert, können sie nicht sehen. Deshalb sollte man **nie von hinten** an ein Pferd herangehen.

Auch der Tastsinn spielt für Pferde eine große Rolle. Um ihr **Maul** herum haben sie lange **Tasthaare**. Man darf sie auf keinen Fall abschneiden, denn mit ihnen **erkunden sie ihr Futter**.

Der **Magen** von Pferden ist sehr **empfindlich**. Bekommen sie **falsches Futter** oder auch die falsche Menge Futter, können sie schnell und ernsthaft **krank** werden.

Fußball

Überall auf der Welt macht es den Menschen Spaß, Bälle mit ihren Füßen zu treten. Fußball ist kein moderner Sport. Schon vor 4700 Jahren wurde in China Fußball gespielt. Fußballspielen macht nicht nur Spaß, man kann auch die Geschicklichkeit, die Schnelligkeit und die Ausdauer trainieren. Beim Fußball gibt es bestimmte Regeln, die man einhalten muss. Das war aber nicht immer so. Die Fußballregeln wurden erst vor 150 Jahren in England festgelegt.

Seit fast 100 Jahren muss das Trikot des Torwarts eine andere Farbe haben als die Hemden der Feldspieler. Das ist wichtig, damit der Schiedsrichter besser erkennen kann, wer den Ball in die Hand nimmt. Denn das darf nur der Torwart.

Jede Mannschaft darf mit elf Spielern ins Spiel gehen. Während der Spielzeit darf der Trainer auch Spieler auswechseln, wenn er möchte. Wenn ein Spieler sich nicht an die Regeln hält, kann er vom Schiedsrichter die rote Karte bekommen. Dann muss er das Spielfeld verlassen und die Mannschaft darf nur noch mit zehn Spielern weiterspielen.

Kopiervorlage
Zusatztext Fußball

Die Mannschaft wird vom Trainer aufgestellt. Jeder Spieler hat im Spiel eine bestimmte Aufgabe. Es gibt Stürmer, Mittelfeldspieler, Verteidiger und den Torwart. So können besondere Fähigkeiten gut genutzt werden. Ein gutes Ballgefühl kann man durch viel Übung bekommen.
Am Anfang rollt der Ball nicht unbedingt immer dahin, wo man ihn hinhaben möchte. Wohin der Ball fliegt, hängt davon ab, mit welchem Teil des Fußes der Spieler den Ball trifft. Möchte man kraftvoll und gerade auf das Tor schießen, nimmt man meist die Fußspitze. Diesen Stoß nennt man Vollspann. Kurze Pässe dagegen spielt man meist mit der Innenseite des Fußes.

Kopiervorlage
Fußball (Tippkarte für Schlüsselwortmarkierung)

Überall auf der Welt macht es den Menschen Spaß, Bälle mit ihren Füßen zu treten. Fußball ist **kein moderner Sport**. Schon **vor 4 700 Jahren** wurde in **China** Fußball gespielt. Fußballspielen macht nicht nur Spaß, man kann auch die Geschicklichkeit, die Schnelligkeit und die Ausdauer trainieren. Beim Fußball gibt es bestimmte **Regeln**, die man einhalten muss. Das war aber nicht immer so. Die Fußballregeln wurden erst **vor 150 Jahren** in England festgelegt.

Seit fast 100 Jahren muss das **Trikot des Torwarts** eine andere Farbe haben als die Hemden der Feldspieler. Das ist wichtig, damit der Schiedsrichter besser **erkennen** kann, **wer den Ball in die Hand nimmt**. Denn das darf nur der Torwart.

Jede **Mannschaft** darf mit **elf Spielern** ins Spiel gehen. Während der Spielzeit darf der Trainer auch **Spieler auswechseln**, wenn er möchte. Wenn ein Spieler sich nicht an die Regeln hält, kann er vom Schiedsrichter die **rote Karte** bekommen. Dann muss er das **Spielfeld verlassen** und die Mannschaft darf nur noch mit zehn Spielern weiterspielen.

Kopiervorlage
Zusatztext Fußball (Tippkarte für Schlüsselwortmarkierung)

Die **Mannschaft** wird vom **Trainer aufgestellt**. **Jeder** Spieler hat im Spiel eine **bestimmte Aufgabe**. Es gibt Stürmer, Mittelfeldspieler, Verteidiger und den Torwart. So können **besondere Fähigkeiten** gut genutzt werden. Ein gutes **Ballgefühl** kann man **durch** viel **Übung** bekommen.
Am Anfang rollt der Ball nicht unbedingt immer dahin, wo man ihn hinhaben möchte. **Wohin der Ball fliegt**, hängt davon ab, **mit welchem Teil des Fußes** der Spieler den Ball trifft. Möchte man kraftvoll und gerade auf das Tor schießen, nimmt man meist die Fußspitze. Diesen Stoß nennt man Vollspann. Kurze Pässe dagegen spielt man meist mit der Innenseite des Fußes.

5.4.2 Übungen im Doppelkreis

LEHRERINFORMATION

Eine Doppelkreisübung ist schnell vorbereitet. Bitten sie die erste Themengruppe, einen Stuhlkreis zu bilden. Die Stühle werden dabei so angeordnet, dass alle Teilnehmer nach außen schauen. Jedes Kind hat seinen Spickzettel dabei. Danach kommt die zweite Gruppe und stellt ihre Stühle so um den Kreis herum, dass sie einen zweiten Kreis bilden. Hier schauen alle Teilnehmer nach innen, sodass sich die Teilnehmer nun gegenübersitzen.

Im ersten Übungsdurchlauf hält ein „Pferdeexperte" seinen vorbereiteten Kurzvortrag vor einem „Fußballexperten". An dieser Stelle ist aktives Zuhören gefragt. Der Fußballexperte hat nun die Aufgabe, festzustellen, ob er alle Inhalte verstehen konnte. Außerdem kann er noch Tipps zur Gesprächslautstärke, zur Wortwahl und anderem mehr geben. Nach wenigen Minuten rückt der gesamte Außenkreis einen Platz nach rechts. Nun trägt ein „Fußballexperte" sein Wissen einem „Pferdeexperten" vor. Wenn die Kinder in der Anwendung dieser Methode schon sicher sind, lässt sich die Anforderung steigern. Im dritten Durchgang kommt es durch einen weiteren Platzwechsel nach rechts zu einer neuen Partnerkonstellation. Nun muss ein „Pferdeexperte" einem „Fußballexperten" alles über den Fußball erzählen und umgekehrt.

Der Doppelkreis kann an dieser Stelle gut eingesetzt werden, um die vorbereiteten Inhalte einem oder mehreren Partnern nacheinander vorzustellen und den Vortrag so in kleinem Rahmen zu üben. Sein Einsatz kann auch in vielen anderen Unterrichtssituationen sehr nützlich sein, wie zur Hausaufgaben-Kontrolle, als Abfragesituation zur Vorbereitung für Prüfungen, als Training des aktiven Zuhörens, zur Stärkung der Erzählkompetenz und eben als Vorbereitung für Vorträge.

Diese Methode birgt immense Vorteile für einen konzentrierten und effektiven Unterricht, denn alle Schülerinnen und Schüler müssen zu jeder Zeit aktiv und bei der Sache sein, jeder hat einen Sprechanteil, jeder kann Expertenwissen über verschiedene Kanäle erlangen und die Lehrkraft hat einen geringen Redeanteil.

▶ ▶ ▶ **Unterrichtssituation | Impulse für die Umsetzung**

Wenn die Schülerinnen und Schüler die Texte zu den Themen „Pferde" und „Fußball" gelesen und einen Stichwortzettel erstellt haben, eignet sich die Doppelkreismethode ideal, um den Vortrag vor nur einem Partner zu üben.

Auf diesem Wege wird die Hemmschwelle des Vortragenden abgesenkt und ein guter aktiver Zuhörer kann noch Tipps inhaltlicher oder stilistischer Art geben.

Beim eigentlichen Vortrag werden dann endlich die inhaltlichen und formalen Elemente zu einem Ganzen zusammengefügt.

Die erarbeiteten Kriterien haben ihren Zweck auch in der Nachbereitung des Kurzvortrags. Sie sind der Leitfaden für das Publikum und eine Hilfe für das „aktive Zuhören". Diese Liste erübrigt sich, wenn die Methode etabliert und gesichert ist.

5.4.3 Bewertung und Reflexion

Kinder erfassen sehr schnell, wie unterschiedlich Inhalte vorgetragen werden. Zappelt ein Kind vor der Klasse während des Vortrags herum, nimmt keinen Blickkontakt zum Publikum auf, versteckt sich hinter seinen Haaren, flüstert oder spricht undeutlich, so wird das von engagierten Zuhörern meist rasch bemerkt. Aus diesem Grund ist es ja auch sinnvoll, gemeinsam mit den Kindern einen Kriterienkatalog zu erarbeiten, der diese Dinge bewusst macht. Zum aufmerksamen Vortragenden gehört aber ebenso ein aufmerksames Publikum, das dem Redner hilft, diese Kriterien zu beachten, um das Ergebnis immer wieder zu verbessern. Anfangs kann eine Reflexionstabelle sehr hilfreich sein, um den Zuhörern alle Kriterien bewusst zu machen. Sind sie erst einmal verinnerlicht, ist diese Materialergänzung oft nicht mehr nötig.

Vortragsthemen sind meist gut dazu geeignet, ergänzende Fähigkeiten bei den Kindern anzusprechen. So können bearbeitete Themen bzw. Texte im Nachgang in Gruppen auf unterschiedliche Weise weiterbearbeitet und vertieft werden. Hierzu eignen sich die Erstellung eines Themenplakates, das Texten eines Liedes, das Verfassen eines Gedichts oder auch die Verarbeitung des Themas in einem kleinen Theaterstück. Die Themenschilder können in der Klasse ausgehängt werden und die Gruppen können sich nach Neigungen zusammenfinden.

Kopiervorlage

Wie war der Kurzvortrag?   Ja: 🙂   Mittel: 😐   Nein: 🙁

Steht der Redner mit beiden Füßen fest auf dem Boden und sieht uns an?			
Erzählt uns der Redner vorher, worum es geht? (einleitende Worte)			
Spricht der Redner laut und deutlich? (Kann ich auch den Inhalt verstehen?)			
Betont der Redner so, dass ich gern zuhöre?			
Benutzt der Redner verschiedene Satzanfänge?			

✂ -

Wie war der Kurzvortrag?   Ja: 🙂   Mittel: 😐   Nein: 🙁

Steht der Redner mit beiden Füßen fest auf dem Boden und sieht uns an?			
Erzählt uns der Redner vorher, worum es geht? (einleitende Worte)			
Spricht der Redner laut und deutlich? (Kann ich auch den Inhalt verstehen?)			
Betont der Redner so, dass ich gern zuhöre?			
Benutzt der Redner verschiedene Satzanfänge?			

Methodenbewertung

LEHRERINFORMATION

Auch Kinder im Grundschulalter sollten die Möglichkeit bekommen, sich darüber wirklich im Klaren zu sein, was sie lernen und welchen Gewinn das für sie bringt. Das Bewusstsein darüber, welchen Vor- oder aber auch welchen Nachteil eine Methode für sie persönlich hat oder dass eine Methode in manchen Lernsituationen passend und in anderen vielleicht völlig unpassend ist, ist in meinen Augen äußerst wichtig.

Auch Sie werden in den Übungsphasen schnell herausfinden, welche Methoden gut zu Ihrem Unterrichtsstil und zu Ihrer Schulklasse passen.

Aus diesem Grund finden Sie auf der Seite 111 einen „Universalbogen", den Sie nach jeder eingeführten Methode zur individuellen und späteren gemeinsamen Reflexion verteilen und in einer Methodenmappe sammeln können.

Kopiervorlage
Ich kenne Methoden!

Frage	Antwort
Die Methode, die ich heute gelernt habe, heißt:	
Diese Methode hilft mir besonders, wenn ich …	
Nicht gut arbeiten kann ich mit dieser Methode, wenn ich …	
Schwer fand ich …	
Gebrauchen kann ich die Methode bei diesen Aufgaben:	

Literatur

CWIK, G./RISTERS, W. (2004): Lernen von Anfang an I und II. Cornelsen: Berlin. (Schreibgitter, Graffitimethode)
ENDRES, W. (2001): Endres Lernmethodik. Beltz: Weinheim. (Spickzetteltraining, Ampelmethode))
GREEN, N. & K. (2005): Kooperatives Lernen im Klassenraum und im Kollegium. Kallmeyer Verlag: SEELZE.
KLIPPERT, H./MÜLLER, F. (2004): Methodenlernen in der Grundschule – Bausteine für den Unterricht. Beltz: Weinheim. (Doppelkreis, Kugellager)
MATTES, W. (2011): Methoden für den Unterricht – 75 kompakte Übersichten für Lehrende und Lernende. Schöningh: Braunschweig. (Punkteabfrage)
PRAXIS SCHULE 5–10; HEFT 6/2002 (Graffiti-Methode)
WAHL, D. (2005): Lernumgebungen erfolgreich gestalten. Vom trägen Wissen zum kompetenten Handeln. Julius Klinkhardt Verlag: Bad Heilbrunn. (Strukturlegetechnik)